만 6~7세 자녀 이해하기

만 6~7세 자녀 이해하기

UNDERSTANDING

코린 에이비스 지음 | 권연희 옮김

Σ 시그마프레스

만 6~7세 자녀 이해하기

발행일 | 2012년 5월 30일 1쇄 발행
저자 | 코린 에이비스
역자 | 권연희
발행인 | 강학경
발행처 | (주) 시그마프레스
편집 | 이상화
교정 · 교열 | 안진숙

등록번호 | 제10－2642호
주소 | 서울시 영등포구 양평로 22길 21 선유도코오롱디지털타워 A401~403호
전자우편 | sigma@spress.co.kr
홈페이지 | http://www.sigmapress.co.kr
전화 | (02)323－4845, (02)2062－5184~8
팩스 | (02)323-4197
ISBN | 978-89-5832-978-7

Understanding 6 – 7 - Year - Olds

＊ 책값은 책 뒤표지에 있습니다.

■ 차례

■ 역자 서문

이 책은 타비스톡 클리닉의 자녀 이해하기 시리즈 중 임상심리치료사인 코린 에이비스Corinne Aves가 쓴 만 6~7세 아동에 대한 내용을 번역한 것이다. 저자들이 밝힌 것과 같이 자녀 이해하기 시리즈는 출생부터 청소년기에 이르는 자녀가 발달상 경험하는 인지적, 사회 정서적 특징을 일상적 경험으로 기술하고 있으며, 특히 삶의 주요한 전이에 초점을 맞추고 있다. 발달상 경험하는 전이 과정은 아동으로 하여금 새로운 과제에 도전하도록 하는 동시에 이전과는 다른 경험으로 인한 혼란과 갈등을 야기한다. 이는 아동 자신뿐 아니라 아동을 양육하는 양육자에게도 어려움을 야기한다.

만 6~7세 아동은 유아교육기관을 떠나 초등학교에 입학하는 시기에 해당되는 연령으로 어떠한 발달 단계보다 전이로 인한 적응의 어려움을 많이 경험하는 시기라고 할 수 있다. 다시 말해 유아에서 형식적 교육이 시작되는 초등 아동으로 넘어가는 이 시기 아동은 아동 자신의 행동뿐 아니라 아동에 대한 양육자의 기대 역시 유아기적 요소와 좀 더 성숙한 아동으로의 모습이 혼재되어 있고, 이에 자녀의 행동을 이해하기 어렵고 어떻게 상호작용해야 할지 걱정이 되는 시기이다.

이 책은 만 6~7세 아동이 발달적 전이로 경험하는 특징과 어려움을 아동 자신, 가족관계, 또래관계, 학교 생활 등의 측면에서 구체적으로 기술하고 이러한 어려움을 극복하기 위해 부모, 교사, 학교 등이 어떠한 노력을 기울여야 할지를 일상적 경험으로 풀어나가고 있다. 가볍게 읽는 문학책처럼 아동이 일상에서 보이는 행동과 모습을 여러 가지 사례를 통해 기술하고 있는 이 책을 읽어나가다 보면, 어느덧 이 시기 아동이 발달상 경험하는 어려움과 특징을 이해할 수 있게 될 것이다. 본 역자는 이 책을 번역하는 데 있어서 가능한 한 원 저서에 충실하게 번역하고자 하였으며, 문화적 차이로 이해하기 어려운 사례들은 역자의 주석을 통해 이해를 더하고자 하였다. 이 책은 만 6~7세 아동이 전이 과정에서 보이는 특징과 어려움을 이해하고, 이를 함께 해결해나가고자 하는 부모, 교사, 예비교사들에게 유용하게 사용될 수 있을 것이다.

2012년 5월

권연희

■ 감사의 글

헤이즐우드 유아 학교에 근무하고 계시는 아네트 마린, 조 커틀 그리고 피터 고든에게 자신의 일과 생각을 나누어준 데 대해 진심으로 감사드립니다. 이 책을 집필하는 데 직 · 간접으로 도움을 주신 모든 분들 특히 마가렛 러스틴과 리사 밀러, 내가 알게 되었던 부모님과 아이들에게 깊이 감사드립니다.

■ 머리말

타비스톡Tavistock 클리닉은 훈련, 임상적 정신건강 관리, 연구와 학문적 활동 등에서 뛰어난 센터로 세계적인 명성을 지니고 있다. 1920년에 설립된 이 클리닉의 역사는 기념비적인 의미를 지니고 있다. 이 클리닉이 설립될 당시에는 정신건강 문제에 대한 사회적 예방과 연구의 기초로 활용될 수 있는 치료법을 제공하고, 이 새로운 치료 기법들을 다른 분야의 전문가들에게 전수하는 것을 목적으로 하였다. 이후 이 클리닉의 관심사는 외상trauma의 치료, 집단 속에서 이루어지는 의식적 · 무의식적 과정의 이해, 그리고 발달심리학 분야에서 중요하면서도 영향력 있는 활동 등에 집중되었다. 의료 전문가들은 분만 전후(임신 20주 이후 분만 28일 사이)에 태아胎兒나 영아嬰兒와 사별하는 사례에 대한 연구를 통해 사산死產경험을 보다 정확하게 이해하게 되고, 그에 따른 고통을 경험하는 부모와 가족들을 지원해주는 새로운 기법이 개발되어야 한다는 필요성도 인식하게 되었다. 1950년대와 1960년대에 걸쳐 자녀와 부모 사이의 상호작용을 강조하는 체계적인 심리요법 모델이 개발되면서 가족 요법에 대한 타비스톡의 훈련과 연구 활동에 사용된 이론적 지식과 치료 기법들도 상당히 많이 축적되어왔다.

『자녀 이해하기Understanding Your Child』 시리즈는 타비스톡 클리닉의 변천 과정에서 중요한 위치를 차지한다. 이 시리즈는 1960년대, 1990년대, 그리고 2004년의 3번에 걸쳐 완전히 새로운 내용으로 바뀌었다. 임상 경험과 전문가로서의 훈련 경험을 쌓은 저자들은 이 시리즈가 바뀔 때마다 관찰되고 경험했던 '일상적인 발달'에 대한 구체적인 사례들을 시리즈의 내용에 반영해왔다. 물론 사회 자체가 변하기 때문에 이 시리즈의 내용도 변하는 것이 당연하지만, 이 시리즈에서는 발달 중에 있는 아동이 부모, 돌봐주는 사람들, 그리고 더 넓은 세계와 상호작용하는 방식을 그 당시의 언어로 알기 쉽게 설명하려고 노력하고 있다. 그러나 주변 상황이 계속 변하고 있는 와중에도 변하지 않는 것이 있다. 즉, 각 발달 단계에서 경험되는 강렬한 감정과 정서가 중요하다는 발달관은 변함없이 열정적으로 유지되고 있다.

이 책은 이미 인상적인 방식으로 발달의 복잡한 이야기를 설명해왔다. 이 책은 시리즈의 앞선 권과 연계된 맥락에서 이해할 때 더욱 의미 있을 것이다. 발달은 앞으로 전진할 뿐 아니라 이전 발달과 관련되어 있다. 이러한 의미에서 만 6~7세 아동들은 때로 자신의 어릴 적 모습으로 돌아가기도 하고, 성숙하기도 한다. 젖니가 빠진다는 의미는 신체 동작의 조정력과 균형의 빠른 발달, 즉 그리기와 쓰기와 같은 미세 운동 기술 획득, 빠른 속도의 지식 축적으로 이해될 수 있다. 때로 아동은 이 같은 변화의 크기가 너무 커서 스스로 조절하기 어려울 수 있으며, 따라서 이 책은 아동의 변화로 인해 발생하는 혼란과 불안에 주의를 기울이고자 한다. 이는 유아학교에서 초등학교 학급으로 가는 발달의 과정에서 어쩔 수 없이 경험하는 소동으로 볼 수 있다.

조나단 브래들리Jonathan Bradley

아동심리치료사

『자녀 이해하기Understanding Your Child』의 책임 편집자

서론

"똑똑"

"누구세요?"

"셜리"

"셜리 누구?"

"셜리('확실히'라는 의미의 surely 대신 사용됨–역자 주) 이제 내가 누구인지 알잖아!"

만 6~7세 아동들에게 재미있는 것이 무엇인지를 이해하는 데 '똑똑 조크'(똑똑 조크는 Knock–Knock(똑똑)으로 시작하는 문답식 농담으로, "누구세요Who's there?"로 이어지며 다음 응답으로 유사한 발음을 지닌 다른 의미로 해석 가능한 단어로 말을 이어 나가면서 즐기는 농담이다. 여기서는 '확실히'라는 뜻을 지닌 '슈얼리Surely'와 발음이 비슷한 '셜리Shirley'라는 이름으로 응답하면서 농담을 이어간다–역자 주)만한 것이 없다. 조크에서 재미의 포인트는 친숙한 사람을 낯선 사람처럼 보이게 만드는 불일치에 있다. 이 특별한 조크에서 문의 반대쪽에 있는 그 사람은 셜리가 아니다. 그 사람은 다른 이름을 가진 오랫동안 알고 지내온 누군가이다.

이 시기 아동들에게 세상은 새로운 가능성으로 가득 차 있어 보이고 아동들은 그 가능성의 입구에 서 있다. 아동들은 학교에서 점차 안정되어가고, 새로운 기술을 많이 습득하고 사용하기 시작한다. 여러 생활 영역에서 더욱 독립적으로 생활해나갈 수 있지만, 여전히 삶의 일상적인 스트레스를 다루기 위해 가족의 지지가 필요하다. 현재 아동에게 닥친 가장 큰 도전 과제는 아동 중기에 겪게 되는 흥미로운 도전을 탐색하기 위해 더 이상 아기 같은 행동을 그만둘 방법을 찾는 것이다.

학교에서 하는 형식적인 공부는 아동의 타고난 탐구 정신과 상상력으로 보완된다. 일상 생활의 평범한 경험은 아동에게 풍부한 의미를 제공하며, 아동의 성격에 영향을 받아 형성될 것이다. 부모는 자녀들이 일상 생활을 통해 새로운 관계를 형성할 수 있도록 충분한 여지를 주어야 한다. 동시에 부모는 자녀와 직접적 관계를 유지하면서 자녀를 적절히 통제해야 하는 도전 과제에 직면할 것이다. 부모가 정서적으로 약간 거리를 두고 자녀의 발달을 지켜봄으로써 자녀를 새롭게 이해하고자 한다면, 자녀의 관점에서 세상이 어떻게 보이는지 상상할 수 있을 것이다. 부모도 과거에는 모두 아이였으며, 따라서 자신들이 만 6~7세였을 때 가졌던 기억은 자신의 자녀를 이해하는 데 아주 소중한 자원이 될 수 있다. 한편, 아동은 당연히 자신의 부모와 다르다. 아동의 성격은 자신들에게 고유한 것일 뿐만 아니라 한 세대전만 해도 상상할 수 없었던 방식으로 세상을 안방으로 가져다주는 21세기의 기술과 미디어의 영향을 받는다.

아이들이 성장함에 따라 부모와 자녀 모두 복잡한 정서적 적응 과정을 경험한다. 이것이 이 책에서 알아보고자 하는 핵심 주제이다. 부모의 관점에서 보면, 읽기와 셈하기와 같은 자녀의 새로운 기술과 능력 개발에 도움을 줌으로써 정서적 만족감을 얻게 된다. 아이들은 더 정교한 방법으로 생각하고, 시간 및 공간에 더 잘 적응하기 시작한다. 신체적 기술과 조정 능력이 급속히 발달하면서 아동은 스스로를 더 잘 돌보고, 씻고, 옷 입기와 같은 발달 과제를 더 잘 수행할 수 있다. 아동에게 새로운 관계 및 우정이 형성되고 이전 시기보다 친구 관계가 더 중요해지며, 이는 부모로 하여금 좀 더 자유롭게 자신의 흥미를 추구하도록 해준다. 부모들은 대개 자신의 자녀들이 이런 식으로 독립적으로 성장하면 자긍심을 느낀다. 하지만 이와 동시에 부모들은 자녀가 이전의 의존적인 나이였을 때 가졌던 친밀한 관계와 달라져야 한다는 것으로 인해 슬픔을 느끼기도 한다. 아동의 관점에서 보면, 이제 가족관계와 관련된 일부 열정적인 감정을 잊어야 한다. 아동들은 학교에서 배우고, 친구를 사귀고 더 넓은 세상과 대처해야 하는 도전에 직면하면서, 이러한 도전을 잘 해결하기 위해 어린 시절의 경험을 포장된 도시락처럼 저장해야 하는 도전 과제에 직면하게 된다.

아동 발달의 놀라운 속도를 살펴보면, 이 아이가 최근에 막 학교생활을 시작한 아이라고 믿기 어려울 수도 있다. '16세이고자 하는 만 6세'는 자신의 딸을 미성숙한 청소년인 것처럼 상상할 수 있다고 한 어떤 엄마의 표현이다. 만 6세는 성인기로 향하는 긴 여행의 3분의 1에 불과하다는 것을 스스로에게 상기시켜줄 필요가 있다. 이 책에서 다루는 또 하나의 주제는 아동이 더 이상 자신을 작다고 느끼지 않지만 그렇다고 아주 크지도 않다고 느낄 때 아동에게 야기되는 스트레스와 긴장감이다. 만 6세 아동이 외현적으로 보여주는 능력은 아직은 얇은 종이처럼 그리 탄탄하지 않으며, 일상의 스트레스와 긴장으로 쉽게 상실될 수 있다는 것을 명심해야 할 것이다.

이 시기의 아동은 마술적인 사고를 그만하고 점차 이성적이고 논리적인 방식으로 세상을 본다. 그들은 성공은 주문한다고 얻어지는 것이 아니며 오히려 많은 노력이 요구되며, 또한 성공은 향유될 수 있으나 동시에 스트레스 및 실패의 두려움을 야기할 수 있다는 것을 깨닫기 시작한다. 아동은 언어 능력의 신장, 놀이하기 및 가장하기 등을 통해 자신의 경험을 상징화하고 표상할 수 있으며, 이러한 아동의 능력과 상상력은 현실을 이해하고 발달 과제를 성취하고자 하는 아동의 열망을 강화한다. 교사가 이 시기 아동과 조화를 이룰 때, 교사와 아동은 창의적인 학급 프로젝트를 수행하면서 실제로 풍부한 경험을 하게 된다. 많은 초등학교 교사들은 만 6~7세 아동의 경우 상상력이 풍부할 뿐 아니라 새로운 기술과 사실을 배우고자 하는 열정이 함께하므로 이들을 가르치는 일이 특히 더 흥미롭다는 것을 알게 될 것이다.

이 책의 주 목적은 만 6~7세 아동들이 하는 여러 경험 중 일부를 생생하게 살펴보는 것이다. 이 연령 아동들이 경험하는 몇 가지 전형적인 딜레마는 부모와 관련된 문제들로 생각해볼 수 있다. 모든 아이는 하나의 개별적인 존재이고, 각자 자신의 속도로 성숙하기 때문에 이러한 문제는 만 5세나 심지어 만 8세의 아동과도 겹치는 측면이 있을 것이다. 기본적으로 우리는 '잠복기'라고 불리는 아동 중기가 시작되는 이 시점의 발달에 대해 생각해보고자 한다. 만약 아동이 가정에서 적절한 지원을 받는다면 이 시기는 지속적인 성장과 학습 및 자기성취를 공고하게 하는 기간이 될 것이다.

제1장

자아의식의 변화

understanding

이 시기의 아동은 계속해서 자신이 누구인지 알아가고 있는 중이다. 신체 변화와 정서 변화는 서로 연관되어 있으며, 외현적 변화는 분명한 반면, 내면적 변화는 덜 명확하다. 이 장에서 우리는 만 6~7세 아동이 어떻게 새로운 방식으로 세상과 관계를 맺는지를 살펴볼 것이다. 아동의 관점이 변함에 따라 그들의 배우고 이해하고 경험을 표현하는 능력도 변한다.

아동들은 만 6세에서 만 8세 사이에 많은 성장을 한다. 통통하고 앙증맞은 외모가 점차 건장한 모습으로 변한다. 유치가 빠지기 시작하지만 영구치가 모두 다 나지는 않아서 아직 채워야 할 틈이 있다는 인상을 준다. 정서 수준도 그러하다. 유치로 대표되는 영아기는 지나왔지만 성인기는 여전히 멀리 있다. 그 사이에 배워야 할 많은 것들이 있다. 아동들은 조화롭고 균형 있게 발달하고, 쓰기 및 그리기와 같은 미세 운동 기능을 획득하며, 지식과 정보를 놀라운 속도로 축적하고, 사회적, 인지적으로 온갖 종류의 경험을 지속한다. 이 모든 것들이 이루어지기 위해서는 간혹 세심한 성인의 지지가 요구되는 스트레스와 고통이 수반되기도 한다. 아동들은 우리가 아무리 그렇게 하지 말라고 하더라도 자신과 다른 아동을 비교할 것이다. 경쟁과 라이벌 의식은 인간 조건의 일부분이며 이 시기 아동은 종종 다른 아동처럼 되려고 애쓴다. 몇몇 아동은 무언가에 최고가 되기를 원하고, 이는 성공하지 못할 것을 걱정하게 하거나 실패를 감수하지 않으려는 태도를 유발하기도 한다. 이 시기 아동은 유아에 비해 "나는 무엇이든 할 수 있다."라는 지나친 믿음을 갖기보다 일상에서 전진하기 위해서는 결심과 노력이 필요하다는 것을 알게 된다. 어려움에 직면한 아동이 그것을 견딜 수 있도록 하기 위해 부모나 교사는 많은 격려를 해주어야 한다.

말하기 능력의 변화

사물을 논하고 생각과 아이디어를 대화로 표현하는 능력은 굉장한 자산이다. 구어는 내가 다른 사람을 알고 다른 사람이 나를 알게 하는 도구이다. 아동이 성장하면서 다른 사람이 자신의 말을 경청하고 자신의 말에 대해 생각하고, 자신이 한 말이 이해받는 경험을 했다면, 아동은 온갖 종류의 흥미로운 질문을 하고 새로운 아이디어를 분명하게 표현할 것이다. 아동이 일단 말하기를 즐기기 시작하면 아동의 말은 종종 문자 그대로의 말 이상의 것을 전할 수 있다.

헨리는 수줍음 많고 생각이 깊은 만 6세 아동으로 긴 여름방학을 보낸 후 다시 학교의 일상적인 생활로 돌아가 차분하게 지내기를 어려워했다. 그는 새로운 교실, 교사와 더불어 '유아학교에서 가장 연장자'인 새로운 지위에 이제 막 익숙해지기 시작했다. 방과 후 그는 매우 피곤해했고 별로 말을 하지 않았지만, 어느 날 오후 간식을 먹으면서 학교 건물에 관해 새롭게 알게 된 사실을 스스로 부모에게 말했다. 헨리는 부모에게 "유치원에 있을 때 저는 자료실이 어디에 있는지 몰랐어요…. 우리 학교에 2층이 있었다는 것조차도 몰랐고요!"라고 말했다. 이 간단한 한 마디 말을 통해 헨리가 더 넓은 세상으로 나아가고 있다고 인식한다는 것을 알 수 있었다. 그의 부모는 헨리가 학교뿐 아니라 새롭게 알게 된 내용을 스스로 말한다고 생각했다.

한편, 헨리는 전형적인 만 6세 아동처럼 질문 공세를 펴서 그의 부모를 긴장하게 했다. 예를 들어 헨리는 "나는 도대체 이해할 수 없어요! 사람은 어디에서 오는 거예요?"와 같은 질문을 한다. 그의 부모는 이 질문이 지리, 생명 또는 인간관계 중 어떤 문제를 물어보는 것인지 곰곰이 생각했다. 한 번은 헨리가 "비행기는 어떻게 하늘을 날 수 있어요?"라고 물었고, 그때 아버지는 그의 질문에 자세히 설명하려고 했다. 그러나 헨리의 관심은 곧 다른 곳으로 옮겨갔다. 헨리의 경우 요지는 아마도 과학적인 사실을 알아내는 것보다는 세상에 대한 경이로움을 함께 나누자는 것이었을 것이다.

만 6~7세 아동은 복잡한 아이디어를 전달하기 위해 언어를 사용할 수 있다는 것을 알아가고 있다. 이제 언어는 문자 그대로의 의미뿐만 아니라 은유적으로도 사용될 수 있는데, 이것은 친구를 사귀는 과정에서 농담을 하거나 상상 놀이를 할 수 있게 한다. 물론 언어는 부정적인 분위기에서 타인을 마음대로 하려 하거나 상처 주기 위해 사용할 수도 있다. 우리는 종종 이 시기 아동이 욕을 말하는 것을 볼 수 있는데, 아동에게 욕은 해서는 안 되지만 흥미롭고 금기시되는 것으로 여겨진다. 아동은 욕을 하지 말아야 한다는 것을 알고 있지만, 어른들의 반응을 보기 위해 시험 삼아 해보기도 한다.

인지적 사고의 변화

아동은 7세경 사고방식에서 몇 가지 중요한 발달적 변화를 겪는다. 즉, 좀 더 추상적 사고가 가능해지는 것으로 예컨대, 대부분의 아이들은 '3'이라는 숫자가 3개를 표시할 뿐만 아니라 덧셈과 뺄셈을 하기 위해 다른 수와 함께 머릿속으로 조작할 수 있는 '삼'의 개념이라는 것을 이해한다. 성인들은 이러한 과정을 '암산'이라 부르며, 너무 복잡하지 않는 한 무의식적으로 계산할 수 있다.

이 시기 아동은 수에서 자릿값에 대한 개념을 이해하기 시작한다. 아동은 3이 1의 자리, 10의 자리 또는 100의 자리 중 어디에 있느냐에 따라 30이나 300을 의미한다는 것에 관심을 가진다. 추상적 개념은 아동이 잘 알고 있는 것과 관련지을 때 이해하기 쉽다. 사바가 산수를 하면서 엄마에게 "엄마! 한 자리 수는 많지 않아서 내가 엄마랑 집에 있을 때 같아요."라고 말했다. 사바에게 있어 '한 자리 수'는 자신이 집에 있는 2명의 아이 중 1명인 것에 대한 생각과 연결되었고, '10의 자리와 100의 자리 수'는 학교에 있는 자신을 떠올리게 했다. 사바의 사고방식은 아동이 추상적 개념을 자신의 머릿속에 이미 있는 것과 연결시킴으로써 이해한다는 것을 보여준다. 아이들의 머릿속에 있는 것은 그들의 가족이다. 아이들은 자신이 사랑하고 가장 좋아하는 사람들에 관해 생각하고 그들이 하는 말을 들을 때 더 잘 배운다. 가정과 관련하여 걱정이나 염려가 있다면 아이의 학습은 방해받을 수 있다.

아동은 공간과 시간을 익숙하게 하는 다양한 종류의 측정을 하면서 세상을 이해한다. 높이와 길이를 재는 것은 간단하지만, 두 요소를 동시에 고려해야 하는 부피, 용적 등의 개념을 이해하기 위해서는 만 7세 정도는 되어야 한다. 다시 말하면, 3차원적 사고가 요구된다는 것이다. 아동은 이제 한 용기에 있는 물을 다른 모양의 용기로 옮기더라도 액체의 부피는 변하지 않는다는 것을 이해할 수 있다. 마찬가지로 크기가 같은 공 모양의 점토 두 덩어리를 아동에게 보여주었을 때, 아동은 점토 한 덩어리를 기다란 소시지 모양으로 만든다고 해도 전체 점토의 양은 변하지 않는다는 것을 이해할 수 있다. 더 어린 아동의 경우 용기 속 액체의 높이나 소시지 모양 점토의 길이와 같이 한 가지 차원에 집중할 것이다. 하지만 만 6~7세 아동은 무엇이 추가되거나 제거되지 않는 한 부피는 동일하다는 것을 안다. 아동이 정서적으로 안정되어 혼자서 놀이하고 실험해보면서 이 같은 발견을 할 수 있다면 이러한 경험들을 통해 아동의 사고력은 적절하게 발달한다. 아동이 가정, 친구관계 그리고 교실이라는 상이한 사회적 환경에 적응하려고 할 때 정서적 안정감은 중요한 역할을 하는데, 이는 부모나 교사가 아동을 유연한 방식으로 대하는 것과 관련된다. 아동에 대한 기대가 각기 다른 상황에서 정서적으로 안정된 아동은 일관된 정체성을 지닌 존재로서 자신을 경험하게 된다.

사회적 이해 또는 공감은 만 6~7세 아동의 사고 및 학습 능력에 매우 중요한 역할을 한다. 상상으로 아동을 다른 사람의 입장에서 생각해보게 할 때, 아동은 아주 의미 있는 방식으로 자신의 시야를 넓힐 수 있다. 공감은 친구를 사귀고 그 관계를 유지하는 데 필수적인데, 공감하기를 통해 다른 사람의 삶과 문화를 알게 되고 인간적이라고 느끼기 때문이다. 그러나 대부분의 만 6~7세 아동들은 평균적으로 아주 잠깐 동안 공감적이고 유연하게 생각할 수 있다. 더욱이 아동이 피곤할 때 다른 사람의 관점에서 사물을 보도록 기대한다면 아동은 더 짜증을 내고 유연하게 사고하지 못할 것이다.

아동은 이제 서로 다른 관점을 이해하기 시작한다. 이 같은 측면의 발달을 알아보기 위해 고안된 검사에서 심리학자는 만 7세 아동 윌리엄에게 산 풍경의 삼차원 모형을 보여주었다. 그리고 인형을 그 모형의 반대편에 두었다. 그런 다음 그에게 인형이 볼 수 있는 것이 무엇인지 물었다. 윌리엄은 이 과제가 어렵게 생각되었고 이 과제를 할 수 있는 최선의 방법은 그 산 모형을 돌려서 인형이 보는 것과 자신이 보는 것을 비슷하게 하는 것이라고 판단했다. 윌리엄이 과제를 다루는 방식은 아동들이 새로운 상황을 어떻게 이해하기 시작하는지를 보여주는 전형적인 모습이다. 우리 모두는 친숙한 것과 관련지어 새로운 것을 이해하게 되고, 새로운 상황에 직면했을 때 우리의 경험은 이전의 경험에 의해 영향을 받는다. 그러므로 아동이 교사와 관계 맺는 방식은 그들이 제일 잘 아는 성인 즉, 부모와의 관계 경험에 기초할 것이고, 학교에서 친구와 관계 맺기는 이전에 가족 내에서 형제자매 관계가 다루어졌던 방식에 기초할 것이다.

균형감각

자전거 타는 법을 잘 배우기 위해서는 신체적 균형과 정서적 안정이 필요하고, 자전거 타는 법을 배우는 과정은 아동이 독립해가는 과정에서 볼 수 있는 딜레마를 보여준다. 두 발 자전거 타는 법을 배우는 것은 아동에게 중요한 통과의례일 수 있는데, 이 기술을 완전히 터득한 아동은 당당하게 자기보다 큰 아동들과 어울릴 수 있다. 한편, 부모의 영향에서 벗어나려는 속도가 가속화됨에 따라 부모는 종종 폐기된 보조바퀴 같은 기분이 들 때가 있다. 아동은 자전거를 잘 타기 위해서 새로운 기술을 많이 배워야 한다. 그들은 자전거가 어떻게 작동하는지를 배워야 하고 자신의 몸과 마음을 조화롭게 사용하는 법을 배워야 한다. 아동은 좌절과 어려움을 견뎌내야 하고, 또한 성인의 도움을 수용할 수 있어야 한다. 아동은 새로운 기술을 원하기만 하면 마술처럼 가질 수 있다는 생각을 버려야 한다. 때로 이러한 생각은 학습자에게 격한 감정을 불러일으킬 수도 있다.

젬마는 9살 오빠가 친구들과 함께 자전거 타는 것을 지켜보고는 자전거를 타는 것이 쉽다고 확신하였다. 젬마의 어머니가 자전거 타는 법을 가르쳐주기 위해 보조바퀴 없이 그녀를 공원으로 데려 갔다. 젬마는 자전거의 속도를 내기 시작하면서 젬마를 돕기 위해 엄마가 자전거 뒤를 잡고 있는 것이 싫었다. 하지만 젬마는 처음부터 균형을 유지하면서 페달을 밟고 운전하기가 어렵다는 것을 알았다. 그녀는 자주 비틀거렸고 여러 번 바닥에 넘어졌다. 하지만 젬마는 자신이 균형을 잘 못 잡는 것은 똑바로 도와주지 못한 엄마 때문이라고 생각하는 것 같았다. 엄마는 딸을 돕기 위해 자전거 뒤쪽을 잡고 있었지만, 젬마는 엄마가 자전거를 잡고 있었던 것이 아니라 자신의 등을 잡았었다고 확신하였다. 엄마에 대한 젬마의 분노는 쓰린 무릎과 팔꿈치 통증 때문에 더 격해지는 것 같았다. 젬마는 엄마가 자신을 달래지도 못하게 하고 대신 속상한 감정을 엄마에게 쏟아 부었다. 엄마는 젬마가 많이 아프지만 도움이 필요하지 않은 것처럼 보이기 위해 참고 있다는 것을 알 수 있었다.

많은 협상과 인내 그리고 여러 번 공원을 갔다온 후에야 젬마는 혼자 힘으로 자전거를 탈 수 있게 되었다. 많은 아동이 그렇듯이 젬마도 자신의 생각과는 달리 즉시 자전거 타는 법을 배우지 못한 경험으로 인한 불편한 정서를 진정하는 데는 1~2주가 필요했다. 일단 자전거 타는 법을 숙달하게 되자, 젬마의 태도는 훨씬 더 좋아졌고,

엄마에 대한 분노는 곧 진정되었다. 그녀는 자전거를 탈 때 느끼는 자유로움과 속도감을 좋아했다. 가족이 다 같이 자전거 여행을 하는 것은 즐거운 주말 활동이 되었다. 하지만 젬마는 가족 자전거 여행을 할 때 다른 사람보다 앞서 가고자 하고 특히 오빠와의 시합을 모두 이기고자 하는 마음이 아주 강하기 때문에 갈등이 완전히 해소된 것은 아니었다.

도덕적 판단

대체로 이 시기 아동은 언제 '~인 체하고 안 하는지'를 알며, 이와 더불어 보다 발달된 현실 감각이 생긴다. 그들은 무엇이 진실이고 그것이 거짓과 어떻게 다른지에 대해 더 잘 말할 수 있다. 만 5세 아동은 거짓말을 '장난스런 이야기'라고 주장하는 반면, 그 아동의 형은 거짓말이 '진실을 말하지 않는 것'이라는 것을 안다. 이것은 중요한 차이점으로 좀 더 성숙한 아동은 거짓말을 일종의 선택으로 본다는 것을 보여준다. 또한 증거를 조사함으로써 사실을 알아내는 것이 가능하다는 생각이 내재되어 있다.

이 시기 아동이 옳고 그름을 명확하게 구분할 수 있다는 것은 중요하다. 아동은 다른 아동과 함께하는 게임이나 장난감 모형을 가지고 하는 혼자 놀이에서 또는 자신이 좋아하는 이야기 또는 영화를 통해 이 같은 주제를 다룬다. 윤리적인 문제에 대해 어느 정도

명확히 하는 것은 사회적 협력의 기초가 되고 이 시기 아동은 그것을 준수하여 수용하고자 한다. 하지만 이 과정은 우리 모두에게 해당되는 사랑과 증오의 복합 감정 때문에 복잡하다. 모든 사람들은 가끔 화를 내고, 상처를 주고 불친절한 태도로 행동하고 싶을 때가 있다. 이것은 어쩔 수가 없다. 우리는 그런 감정 자체만으로는 다른 사람에게 실제로 해를 끼치지는 않는다는 것을 안다. 한편 아이들은 일이 잘못 되었을 때 자신을 비난하는 경향이 있다. 이 경우 논리는 대략 다음과 같다. 즉, '나는 불쾌한 감정을 가지고 있고 그래서 나는 나쁘다. 내가 나쁜 일이 생기도록 만들었다'는 것이다. 예를 들어, 만약 부모가 별거하거나 형제자매 중 누군가가 아프거나 하면 만 6~7세 아동은 그 원인으로 자신을 비난하기 쉽다.

현실과 환상 구분하기

이 시기 아동은 이성적 이해의 세계 즉, 현실세계와 상상의 세계를 넘나들기 때문에 아동의 정체감은 여전히 유동적이다. 아동 간 개인차가 커서 어떤 아동은 사실, 숫자, 규칙, 정보 등을 좋아하는 반면, 다른 아동은 창의성, 아이디어, 가장하기 등을 더 좋아하는 경향이 있다. 일반적으로 이 두 가지 상이한 특성은 같은 아동에게 시점을 달리하여 찾아볼 수 있다. 예를 들어, 어느 한 순간에서는 환상으로 가득했던 헨리가 다음 순간에는 아주 구체적으로 사고하는 아이가 될 수 있다. 어느 날 아침 새로 구입한 조끼에 붙어 있는 상표를 보고 있던 그가 비웃듯이 말했다. “이게 뭐야? ‘소매 없는’ 조끼 두 벌! 글쎄, 저건 어떻게 입는 거야?” 조끼에 붙어 있는 ‘소매 없는’이라는 상표를 문자 그대로 받아들인 헨리는 자기 엄마가 소매 즉, 팔이 들어가는 구멍이 없는 조끼를 자기에게 사주었다고 생각했다. 이러한 오해를 가져온 헨리의 태도는 사회에 대해 비판적인 경향이 있는 자기 아버지를 닮고자 하는 그의 바람에서 비롯되었을 수도 있다.

상황을 액면 그대로 받아들이는 것은 별로 문제가 아니지만, 부모들은 자녀가 너무 자신의 세계에 빠져 있으면 걱정할 것이다. 만 6~7세경 아동은 일반적으로 좀 더 현실적으로 행동하도록 기대된다. 한편, 어느 정도의 창의적인 공상은 아동을 매력적인 성격으로 만들고, 함께하면 재미있게 하여 부모들은 종종 아동의 상상을 따라하면서 즐거워한다. 환상과 동화는 희망, 소망, 두려움, 실망 등을 표현하는 방법이기 때문에 어린 아동의 삶에서 환상과 동화적 요소가 없을 수는 없다.

산타클로스와 이빨 요정 같은 이야기는 아이들과 어른 모두에게 아주 호소력이 있다. 이것은 아마도 이 이야기가 끊임없이 주고 관대하지만 대가로 아무것도 요구하지 않는 이상적인 부모에 대한 환상을 지지하기 때문일 것이다. 물론 현실에서 부모는 자녀가 최대한 잘 자랄 수 있도록 하기 위해 제한, 규칙 및 한계를 부과해야 한다. 이 시기 아동은 일반적으로 이빨 요정이 실제로 존재하지 않는다는 것을 알고 있지만, 그러한 생각이 재미있기 때문에 부모가 그렇게 하는 한 아동들은 계속해서 그 생각을 따른다.

사바가 6살이었을 때 그녀는 이빨 요정이 자신의 이를 가지고 어떻게 했는지를 알아냈다며 신나서 언니에게 이야기하였다. 만약 이가 누런색이면 요정이 그 이를 던져버릴 것이고 따라서 그 이의 소유자는 이를 가져간 대가로 돈을 한 푼도 받지 못하지만, 만약 그 이가 깨끗하면 이빨 요정은 그 깨끗한 이를 자신의 성을 짓는 데 사용하고 그것에 대한 대가로 1파운드를 받는다고 설명했다. 사바가 자신의 베개 밑에서(표면상 이빨 요정에게서 온) 1파운드를 발견했을 때, 이것은 치아를 잘 관리하는 좋은 소녀가 되고자 하는 사바의 노력이 인정되고 보상받는다는 증거인 듯 보였다. 이빨 요정에 대한 이야기는 자신에게 더 이상 필요하지 않는 부분이 더 나은 발달을 위한 자원이나 재료로 사용될 수 있다는 아이디어를 지지하였다. 1년이 지나 만 7세 6개월이 된 사바는 이전에 비해 훨씬 더 현실주의자가 되었고, 자기 부모가 자신에게 사실만을 말해야 한다고 주장한다. 그럼에도 사바는 부모에게 자신의 친구 말에 따르면 이제 금액이 올라 잘 보관된 어금니는 이빨 요정이 2파운드를 준다고 했다고 말하였다.

제2장

가족 내 위치

understanding

가족은 여전히 만 6~7세 아동의 정체성 형성에서 핵심적인 위치를 차지한다. 가족 안에서 생활은 아동에게 소속감, 연속성과 수용감을 제공하는데, 이는 아동으로 하여금 바깥세상의 도전에 직면할 수 있게 한다. 복잡하고 변화하는 우리 사회에서 '일상적으로' 가족이라고 여길 수 있는 범위는 매우 넓다. 많은 아동이 여전히 어머니, 아버지 그리고 한두 명의 형제자매와 함께 살지만, 아동들이 서로 다른 집에서 사는 부모를 가지는 것은 더 이상 이상한 일이 아니다. 많은 아동이 한부모 가정, 계부모 가정 또는 조손 가정에서 자란다. 동성애 부모를 둘 수도 있으며, 조부모가 아동 양육에 아주 적극적인 역할을 할 수도 있다. 가족마다 강, 약점이 있지만, 가족이 여러 형태를 띨 수 있다는 것은 인정해야 한다. 많은 학교들은 다문화이다. 많은 가족이 이번 세대와 전 세대 동안 세계 곳곳에서 다양한 문화를 가지고 이주해왔다. 각 가족은 그들의 신앙과 민족성에 따라 아동의 자아개념에 영향을 미칠 것이며, 또한 아동의 가족에 대한 생각에 영향을 미친다. 한편, 아동이 학교 생활을 하기 때문에 가족의 가치는 더 이상 아동의 삶을 조직하는 유일한 요인이 아니다. 아랍 격언에 "남자는 자신의 아버지보다 시대를 더 닮는다."라는 말이 있는데, 이 격언은 오늘날의 만 6~7세 아동들과 관련된다. 아동들은 비록 자신들이 매우 다른 장소에서 출발했지만, 공통의 흥미를 가진 만 6~7세 집단의 한 부분이라고 생각한다. 가정 환경이 어떠하든 아동은 사람들이 서로 관계 맺는 방식을 예의주시할 것이고, 그들이 왜 그런 행동을 하는지 알아보고자 할 것이다.

더 이상 아기처럼 굴지 않기

'어리지만 큰' 즉, 유아학교에서 가장 큰 연령에 해당되는 이 시기 아동은 이전보다 부모와의 친밀한 접촉을 그만하고, 또래 관계나 실외 활동을 선호하기 시작한다. 부모와의 분리 능력은 아동마다 개인차가 크다. 일부 아동은 매우 독립적인 것처럼 보이지만, 대체로 이 시기 아동들은 꽤 독립적인 면과 덜 독립적인 면 사이를 왔다 갔다 한다고 보아야 한다. 왜냐하면 독립심의 획득은 상실을 다루는 능력과 병행할 때에만 가능하기 때문이다. 아동은 초기 관계 맥락에서 상실을 다루는 연습을 할 것이다. 예를 들어 고형 음식을 먹는 단계로 넘어가는 영아는 엄마 젖을 빨던 귀여운 아기를 포기해야 하는데, 젖을 떼는 과정은 이후 포기 경험의 전형이 된다. 아이들은 온전히 집 안에서 지내는 아기이기를 포기하고, 유아원, 유치원, 혹은 놀이 집단으로 움직여왔으며, 최근 커다란 학교로 입학하였고 더 큰 아동 집단의 구성원으로 적응하고 있다. 이 모든 변화들은 아이들을 불안정하게 할 수 있으며, 변화를 수용하는 데 시간이 걸릴 것이다.

전이 경험은 포기해야만 하는 앞선 것에 대한 상실의 고통과 슬픔으로 완화되는 새로운 즐거움과 기쁨을 포함한다. 아동은 아기처럼 행동하던 것을 그만하고 다른 아기에게 양보해야 하는데, 이는 질투심 또는 경쟁심과 같은 복잡한 감정을 가져올 수 있다. 동생을 갖게 되면 이러한 감정은 더 분명해지는데, 때로는 동생이 엄마를 훔쳐간 것처럼 느껴진다. 심지어 아동의 부모가 다른 아기와 어울리는 것만으로도 아동은 이전에 자신의 것이었던 것을 빼앗기는 감정을 느낄 수 있다.

나딘은 부모의 관심을 독차지하였던 아이였는데, 그녀의 가족이 4개월된 아기가 있는 가족과 주말을 함께 보내면서 충격에 빠졌다. 자신의 집에서 나딘은 식사하기 위해 식탁에 앉으면 엄마, 아빠, 10대 언니들의 주목을 받아왔다. 그래서 부모의 관심이 다른 가족에게 나누어질 때 몹시 당황스러웠다. 아빠가 자기는 알 수도 없는 어른들 문제에 대해 다른 가족의 아빠와 이야기하는 것만으로도 충분히 기분 나빴으며, 엄마가 두 가족의 식사를 준비한다고 냉장고에서 자신이 요구르트 꺼내는 것을 도와주지 않는 것 때문에 더 기분이 상했다. 하지만 나딘이 보기에 다른 가족의 아기인 알리아는 모두 자기 방식대로 하는 것처럼 보였다. 알리아는 여전히 부모 팔에 안겨서 먹고 있으며 지나친 관심을 받고 있었다. 이러한 상황은 7살

나딘의 기분이 나쁘기에 충분했다.

나딘은 차려져 있는 저녁을 먹지 않고 요구르트를 달라고 어른들의 대화를 끊임없이 방해했다. 자기 의자를 흔들며 짜증나는 태도로 포크로 접시를 두드렸다. 결국 엄마가 부드러운 목소리로 "나딘, 7살이나 된 아이가 애기처럼 구는구나."라고 말하며 저녁을 먹으라고 하였다. 엄마의 말에 너무 화가 난 나딘은 계속해서 "난 아기가 아니야."라고 소리 질렀고, 결국 진정하기 위해 방으로 보내졌다. 복도 밖에서 나딘은 계속 "아니야, 난 아기 아니야!"라며 지금까지 걸음마기 유아의 특징으로 여겨졌던 떼쓰기를 하였고, 엄마가 나딘의 말소리가 평소와 달리 매우 비통하다는 것을 알아차릴 때까지 나딘의 불만을 말하는 소리는 계속 변화하였다. 엄마가 마침내 나딘의 마음을 이해해주자 나딘은 "나는 아기 아니야."라고 말하며 울었다. 이제야 엄마는 나딘을 안고 달랠 수 있었으며, 이 포옹은 영아기를 뒤로 하고 성장한다는 것이 얼마나 고통스러운지를 인정하는 것이었다.

이 경우 나딘은 만 6세의 전형적인 딜레마에 직면하였다. 나딘은 아직 어른이 아니어서 어른들의 대화에 참여할 수 없을 뿐 아니라 성인의 특권인 냉장고에서 자기 음식을 혼자 꺼낼 수도 없었다. 동시에 아기의 역할은 자기가 더 이상 할 수 없음을 알고 있었다. 나딘은 다소 '성숙한' 만 6세로 기대되는데 일반적으로 나딘이 조절할 수 있을 경우에는 성숙한 만 6세처럼 행동할 수 있으나, 이 경우처럼 더 이상 어쩔 수 없는 감정에 압도된 경우는 성숙하게 행동하기 어렵다. 나딘의 엄마가 말로 하기보다 꼭 껴안는 것을 통해 나딘은 여전히 다소 아기 같은 면이 있지만 이 역시 괜찮다는 것을 깨닫게 된다. 이 시기 아동은 유능한 자아와 함께 의존적인 측면이 있다는 것을 명심해야 할 것이다.

나딘의 엄마 역시 부모도 조절해야 할 복합 감정이 있음을 알게 된다. 분명하고 독립적인 자녀를 둔 것에 자긍심을 가지겠지만, 발달은 그리 간단한 것이 아니다. 부모가 여전히 매우 필요한 존재라는 것을 인정하는 것과 자녀가 자기 삶의 가능성을 탐색할 수 있도록 기꺼이 자녀를 내버려두는 것 사이의 균형을 이루는 것은 어려운 일이다.

경쟁의식

아동이 부모의 관심을 다른 이와 공유해야만 할 경우 경쟁심은 보편적인 것으로, 이 시기 아동의 형제나 자매간에 발생할 수 있다. 경쟁의식은 실패를 다루는 데 건전한 자산이 된다. 이는 자전거 타기를 배우는 젬마의 경우와 같이 좌절에 직면했을 때 필요한 성공과 인내심의 결정 요소가 되기도 한다. 젬마의 오빠가 자전거를 탈 수 있다면, 젬마는 자신 역시 할 수 있으며 나아가 더 잘 하고자 하였다.

윗 형제로서 만 6~7세 아동은 우월감을 느끼기 위해 자신들의 지위를 최대한 이용하지만, 너무 많이 한 경우 부모는 어린 동생의 감정을 습관적으로 짓밟는 것으로 보고 바람직하지 않다고 느낀다. 사실 아기나 어린 동생을 지나치게 깔보는 아동은 자신들의 경험이 부족하거나 잘 이해하지 못하는 경우 타인에게 비난받을 것이라는 두려움을 느끼기도 한다. 지속적으로 어린 동생을 비난하는 아동은 자신의 불안정한 감정을 모면하기 위해서 그럴 수도 있다. 때로 아동은 자신의 의존성에 모멸감을 느끼기도 하는데, 부모는 아동에게 무엇을 배우는 데는 시간이 걸리며, 이것을 따라 하기 위해 애쓰는 것은 창피한 일이 아니라는 것을 알도록 도와주어야 한다. 동생을 멸시하는 아동은 자신이 모르는 것에 대해 부모나 교사로부터 이해받거나 친절하게 안내될 것이라고 생각하지 않는다. 이러한 이유로 때로 자신이 여전히 도움이 필요하다는 것이 드러날까 봐 걱정한다. 따라서 부모는 어리고 더 상처받기 쉬운 동생을 도와주고 싶은 경우에 큰 아이 역시 부모의 지지와 이해를 필요로 한다는 것을 명심해야 한다. 큰 아이가 다른 사람의 관점을 생각해보도록 하는 것이 처벌하는 것보다 장기적으로 더 효과적이다.

형제관계는 요란하기는 하지만 강렬한 감정을 협상하고 조정하는 것을 배우게 한다. 이러한 주제에 대한 이야기를 함께하는 것은 좋은 방법이 된다. 제니퍼 노스웨이Jennifer Northway의 그림책 『로라, 없어져 버려!』는 귀찮게 하는 어린 여동생이 없어지기를 바라는 언니에 대해 이야기하는데, 어느 날 로라는 진짜로 사라져버렸고 이 과정에서 언니는 마음을 고치게 된다. 별로 좋지 않은 형제관계 모습은 프란체스카 시몬Francesca Simon의 『꼬마 악동 호르디 헨리』 시리즈에서도 볼 수 있다. 이 책은 어느 정도 안전한 방식으로 자신의 불순한 충동을 탐색하고자 하고, 헨리의 우스꽝스러운 익살을 보며 웃고자 하는 만 7세경의 아동에게 인기 있다.

실생활에서 형제간 질투심과 경쟁심은 매우 심하여 평화스러운 방식을 원하는 부모를 당황스럽게 하기도 한다. 두 가지 이상의 갈등 이유를 가지고 있는 형제간의 분쟁 사건을 중재하는 일은 매우 지칠 수 있다. 이 시기 아동은 공정성에 대하여 과장된 개념과 화가 나 는 일에 대한 고정된 관점을 가진다. 이러한 측면에서 그 일을 해결하기 위해 성인의 인내심과 일관성이 필요하다. 가족은 관계 및 강렬한 감정을 연습하는 일종의 실험실을 제공해준다. 가정 내 관계에서 일어났던 어려운 일은 학교에서 발생할 수도 있으며, 친구를 사귀고 유지하는 중요한 과제에 도움을 줄 것이다.

부모와 동일시하기

이제 분명하게 의존적이던 영아기 부모-자녀관계는 사라지고, 아동이 구어를 사용하고 아동의 이해 능력이 증가하면서 부모-자녀 관계에서 많은 변화가 생긴다. 만 6~7세 아동은 좀 더 우호적인 방식으로 그들의 부모와 함께 있고자 하며, 아동의 성에 따라 그 특성은 구분된다. 여아는 엄마가 하는 일에 관심을 가지고, 엄마와의 새로운 동료애를 즐긴다. 예를 들어 길게 수다떨기, 함께 쇼핑하기는 딸이 귀엽게 성장하였다고 느끼게 한다. 이 시기 남아는 아빠와 하는 일을 더 선호하며 남성과 같은 일에 관심이 많다. 아빠와의 사적인 시간은 자신이 존중하는 가치를 연구할 기회로 기뻐한다. 엄마는 잠시 이인자인 것을 참아야 한다. 아버지가 스포츠 열광팬이어서 아들로 하여금 운동 기술을 배우도록 하기 위해 스포츠클럽에 가입시키고자 한다면 이 시기가 적절할 것이다. 아버지가 방관자 정도의 관심을 보일지라도 남아에게 축구클럽은 매우 인기 있다. 반대로 여아는 춤, 드라마, 혹은 부모나 친구가 즐기는 것들에 끌릴 수 있다. 부모가 지지하는 활동에 참여하는 것은 아동에게 보통 매력적인 것으로 부모가 자녀에게 관심을 가지게 할 수 있다. 이 경우 부모는 균형감을 유지하며 자녀에게 너무 많은 것을 밀어붙이지 말고 아동의 다양한 개성을 허락해야 한다. 또한 운동을 너무 좋아하는 여아나 가정적인 남아도 있을 수 있다. 이 시기 아동의 관심은 유동적이며, 아동이 압박감을 느끼면 피하려 할 수 있다. 아동이 형식적 활동에서 벗어나 편하게 쉬고자 한다면 주말에 하는 활동도 부담스러워할 수 있다.

시간과 죽음에 대한 개념

가족 구성원은 중요한 공통점을 지닌다. 또한 가족은 다른 세대 사람들로 구성된다. 이 시기 아동은 시간의 흐름과 시간이 가져온 변화에 관심을 가진다. 마틴 와델Martin Waddell과 페니 데일Penny Dale의 『옛날 옛날 거인이 있었네.』라는 이야기 책을 보면, 부모도 한때 아이였으며 아이들도 결국 어른이 될 것이라는 사실에 대한 아동의 관심을 잘 묘사하고 있다. 이 시기 아동은 시계를 보고 시간을 말할 수 있으며 시간의 의미를 매력적인 방식으로 발달시킨다.

로쉘은 학교 과제를 위해 '위인'에 대해 공부하면서 부모님에게 메리 시콜Merry Seacole이 크림 전쟁 때 어떻게 군인들을 구하였는지를 이야기하였다. '오래 전(과거)'과 관련된 일들을 생각하게 되면서 그녀는 엄마에게 왜 옛날 노래를 듣는지를 물어보았고, 엄마는 옛날 노래를 들으면 자신이 어렸을 때를 떠올리게 한다고 답하였다. 잠시 생각하더니 로쉘은 그 말은 자신도 나이가 들면 이러한 종류의 음악을 좋아하게 된다는 말이냐고 물었다. 그러나 좀 더 생각하더니 "아 … 아니다. 그때 되면 제니퍼 로페즈나 비욘세 음악이 옛날 노래가 될 거니까 나는 그런 음악을 좋아하겠구나."라고 말하였다.

아동은 가족 역사에 대해 알아가는데, 자신의 할아버지가 앞으로 더 나이가 들면서 수명을 다할 수 있다는 것을 이해하게 된다. 불가피하게 아동은 죽음에 대해 궁금해하기 시작하고 이는 돌이킬 수 없는 것이라는 것을 알게 된다. 어떤 아동은 이러한 사실을 알게 되면서 매우 충격을 받고, 어떤 것도 예전에 생각했던 것만큼 굳건하거나 확실한 것은 없다고 느낀다.

예민한 만 7세 여아인 로렌은 집에서 기르는 늙은 고양이가 죽었을 때 매우 슬퍼하였다. 로렌은 슬픔과 분노의 감정으로 엄마에게 "누가 죽음이라는 말을 만들었는지 찾아내서 다 죽여버릴 거야."라고 말하였다. 로렌은 죽음이라는 것 자체가 없어지기를 바랐지만, 가족들은 죽음과 관련된 의식과 애도를 통해 도와주고자 하였다. 부모는 로렌의 오빠들과 숙모 등이 참석하는 조촐한 장례식을 하면서, 이 사랑스러운 애완동물을 뒤뜰에 묻기로 하였다. 모두 다 같이 노래를 부르는 것은 로렌의 생각이었다. 이는 사랑하는 존재와 함께하는 의미 있는 경험으로 로렌은 상실에 직면할 수 있었다. 일주일 안에 로렌은 새로운 새끼 고양이를 갖고 싶은 생각으로 가득했다.

로렌과 로첼 모두 시간에 대해 심도 있는 사고를 하는 중이며, 다른 종류의 경험들이 이 시기 특징적인 방식으로 합쳐져 왔다는 것을 알 수 있다.

부모도 사람이라는 것 알기

로렌이 어렸을 때 부모는 어떤 어려움도 해결할 수 있다고 믿었다. 로렌이 무릎을 쳐다보면 엄마는 상처에 '마술' 크림을 발라주었고 그러면 아픈 것이 다 나았고, 자신이 놀랐을 때 엄마가 꼭 안아주면 다 해결되었다. 하지만 이제는 달라졌다. 그녀는 세상의 복잡함에 대해 더 많은 것을 알았으며, 슬프게도 자신의 부모가 고양이의 죽음을 막을 수 없다는 것을 알고 있었다. 같은 방식으로 부모는 자신을 대신해서 철자를 배울 수 없으며, 친한 친구가 불친절하게 해서 자신의 마음을 상하게 하는 것도 막을 수 없다는 것을 알게 되었다. 로렌은 부모가 자신을 사랑하고, 모르는 것은 지도해주고, 지지해줄 수 있지만, 그녀가 한때 생각했던 것만큼 모든 면에서 영향력이 있지 않다는 것을 깨닫고 환상이 깨지는 느낌을 받았다.

이러한 주제는『하지만 약속하셨잖아요?』라는 벨 무니Bel Mooney의 이야기책을 포함한 많은 아동 도서에서 민감하게 다루어지고 있다. 키티는 자신이 쉽게 진정될 수 없는 문제를 부모가 실제로 보장해주기를 바랐다. 이 책에서 키티가 예방주사를 맞으러 병원에 가기 싫어하자 그녀의 부모는 주사가 별로 아프지 않을 것이라고 약속하였다. 예방주사가 아팠을 때 그녀는 아빠에게 심술을 부린다. 책에서 아빠는 키티에게 이렇게 말한다.

> "네가 알아야 할 것이 있는데, 부모가 모든 것을 마음대로 할 수는 없다는 것이야. 어른들이 '약속한다'고 말했을 때 그것은 보통 '나도 그러길 바란다'라는 것을 의미해."

키티처럼 아동은 부모가 모든 것을 알지는 못하며 또한 실수를 하기도 한다는 것을 알게 된다. 그러므로 부모가 지킬 수 없는 약속을 하는 것은 현명하지 않은 일이다. 한편, 부모가 항상 자녀에게 긍정적인 방식으로 반응하지는 않는다. 예를 들어 부모는 자녀에게 부정적인 방식으로 반응하기도 하고, 때로 자신의 틀린 행동을 잘 못하고 자녀의 탓으로 돌릴 수도 있다. 부모는 완벽하지 않다. 하지만 부모가 심사숙고한 뒤 자신이 잘못했다는 것을 인정하고 자녀와 이야기할 수 있다면 희망이 없는 것은 아니다. 사실 부모가 잘못을 인정하고 시정하는 것과 같은 행동의 모범을 보일 때, 아동은 자기 반성의 가치를 배울 수 있기 때문에 이러한 상호작용은 매우 가치 있다.

부모가 전지전능하지는 않지만 부모는 아동에 대한 통제력을 지니고 있어야 한다. 필연적으로 부모의 권위가 단순히 시험되는 순간들이 있다. 만 6~7세 아동이 이따금 고집스럽고 짜증을 잘 내고 어긋나는 행동을 하며 적대적으로 행동하는 것은 이상한 일이 아니다. 아동이 이러한 행동을 할 때 부모는 권위 있고 진지한 태도로 "안 돼."라고 말할 필요가 있다. 또한 부모는 이러한 태도로 인해 좋지 않은 결과가 있을 수 있다는 것을 명심해야 한다. 가끔 부모는 한계를 설정함으로 인해 자녀에 대한 자신의 인기가 떨어지는 것을 참기 어려워할 때가 있다. 부모가 어렸을 때 지나치게 엄격한 훈육을 경험했다면, 자기 자녀에게 엄격하게 대하면서 부모 스스로 불편하다고 느낄 수 있다. 그럼에도 불구하고 부모가 자녀에게 공정한 한계를 설정하는 것은 기본적으로 사랑과 관심의 표현이다.

모든 가족 생활에서 어려운 시기는 있다. 부모관계가 좋지 않다면 자녀에게 부정적 영향을 미칠 것이다. 직장 문제, 재정적 어려움, 질병, 사별과 같은 외적 스트레스가 발생할 수도 있다. 그러나 아동은 꽤 회복 탄력적이다. 부모가 배우자, 가족, 친구, 지역 사회를 통해 충분히 지지받으며 문제를 극복하고, 궁극적으로 어려움을 이겨낼 수 있다면, 아동은 다시 회복될 수 있다. 살면서 수많은 역경을 경험할 수 있으며, 문제가 분명하고 지속된다면 도움을 받는 것이 현명하다. 가족 주치의나 자녀의 학교를 통해 먼저 도움을 구할 수 있으며, 필요에 따라 전문가의 도움을 의뢰할 수 있다.

제3장

학교 생활

understanding

입학 준비하기

만 6세경 아동은 이제 감정적이고 변덕스러운 행동을 그만하고 순종적이고 성취 지향적으로 행동하도록 기대된다. 학교는 일관성과 예측 가능한 일과가 강조되는 곳으로 아동의 신장된 능력을 보여줄 수 있는 장소가 된다. 여전히 부모의 도움이 필요하지만 아동은 이전보다 부모의 도움이 필요하다는 메시지를 덜 표현한다. 오히려 학교에 가면서 아동은 "나는 부모님을 사랑하지만, 이제는 가세요."라는 비언어적 메시지를 표현할 수도 있다. 이와 같은 자기 확인은 아동이 어느 정도 안정감을 이루었다는 것을 보여준다.

아동은 주양육자, 주로 엄마와의 초기 경험을 기초로 세상과 관계를 맺으며, 아동의 세계는 아버지, 형제, 다른 가족 구성원을 포함하는 것으로 점차 확대된다. 걸음마기 유아의 자아인식은 주양육자의 민감한 반응과 이해를 반복적으로 경험하면서 형성된다. 다시 말해서 관계 맥락 내에서 발달한다. 걸음마기 유아는 자신을 둘러싼 사람들과 그들과의 관계에 대하여 점차 더 많은 관심을 가진다. 3~4세 유아는 다른 유아와 함께 놀이를 할 수 있지만, 다소 자기중심적인 방식으로 협상할 것이다. 아동이 학교에 입학하는 것은 30명 정도 되는 학급 구성원 중 1명으로서 학교 생활의 요구 사항을 조정하기 위하여 자신의 모든 자원을 발휘해야 한다는 것을 의미한다. 아동은 타인에 대한 민감성을 배워야 하는데, 이는 가족이나 유치원처럼 교사나 부모가 다른 유아와의 만남을 매개하는 곳에서 연습될 수 있다. 아동들 간의 자연스러운 경쟁은 성공을 향한 동기를 유발하며, 아동은 교사에게 집중한다. 하지만 모든 부모는 만 6세 아동이 여전히 상처받기 쉽고 의존적이라는 것을 안다.

라이언과 엄마는 바람 부는 월요일 아침 9시 5분 전에 부모, 아이들, 유모차로 인산인해를 이루는 운동장에 도착하였다. 라이언과 같은 학급인 6, 7명의 아동은 캠벨 선생님이 오시기를 기다리며 줄을 서 있었다. 라이언의 친구인 제임스는 축구공을 가져왔고 쉬는 시간에 축구에서 어떤 포지션을 할 것인지에 대해 서로 잡담하고 있었다. 그런데 제이슨이 무리들 속에서 갑자기 나타나더니 라이언에게 가까이 다가와서는 모자를 잡아 당기고 얼굴을 찌르면서 아는 척을 하였다. 다른 아동과 달리 제이슨은 어른이 함께 오지 않았고, 친구 얼굴을 찌르지 말라는 라이언 엄마의 말을 별로 신경쓰지 않았다. 그때 교사가 왔고, 아이들은 재빨리 줄을 섰고, 웃으면서 학교 건물로 나란히 들어갔다.

라이언의 엄마는 아들에게 잘 가라고 인사를 하고 돌아오면서 자기 아들이 이 커다란 아동 집단의 한 성원이 되기 위해 자신만의 방식을 찾고 조절해야 한다는 사실을 생각하였다. 그녀는 자신의 학교 시절을 떠올리며 따돌림을 받았을 때 얼마나 힘들었었는지를 생각할 수 있었다. 이런 일이 생겼을 때 라이언에게 개입하여 다소 과보호적인 행동을 할 것인지 스스로 해결하도록 놔둘 것인지 고민하였다. 항상 이러한 식으로 생각할 필요는 없지만, 부모가 자녀를 학교에 보내면서 상대적으로 잘 모르는 성인인 교사에게 자기 자녀에 대한 책임을 전이해야 하는데, 이것이 쉬운 것은 아니다.

교사와의 관계

교사는 아동에게 가족 외 권위를 가진 인물로 매우 중요한 사람이다. 더불어 학교 생활에서 정서적인 지주가 된다. 아동은 새로운 관계를 이해하는 자원으로써 자신의 초기 관계에 의존하므로, 부모, 조부모나 다른 어른들과 맺은 관계 경험은 교사와의 관계에 영향을 미칠 것이다. 이 시기 아동은 엄마가 자신들에게 했던 것만큼 반응할 것으로 기대하지는 않더라도 교사에게 개별적으로 주목받고 존중받고자 한다. 교사가 아동에게 주는 관심의 질에 따라 학교 생활에서 느끼는 경험은 달라질 것이다. 교사가 따뜻한 성품이라면 아동은 경외심과 존경심을 가지며 교사와 특별한 관계를 발달시킬 것이다. 존경받는 교사는 교사의 방식에 매료된 학생들이 알고자 하는 목적이 된다. 교사를 기쁘게 하고 성공하고 싶은 욕구가 클수록,

아동은 실패를 두려워하고 이로 인해 교사를 엄격하고 두려운 존재로 생각하기도 한다. 만 6세 아동은 학교에 가는 것만으로는 성취가 이루어지지 않는다는 것을 알게 된다. 아동은 이제 좀 더 목적의식이 있는 방식으로 지내도록 기대된다. 아동에게 좋은 결과는 기대되고, 전심전력을 다하고 열심히 해야만 성취할 수 있다.

아동에게 교사가 질서를 유지하고 한결같고 존중하는 분위기를 지향하는 사람인지는 중요하다. 교사는 개인의 욕구보다 집단의 욕구를 지향한다. 아동과 교사의 욕구가 일치하는 것은 복잡한 과정이며, 긍정적, 부정적인 요소들을 모두 포함할 수 있다. 부모가 마음속으로 이 요소들을 평가할 때, 스스로 물어야 할 중요한 질문은 "이 교사는 내 아이가 학습할 수 있도록 안전한 교실 분위기를 이끄는가?"이다.

자녀가 교사와의 관계에서 행복하고 안전한 느낌을 가진다면 부모는 '가정이라는 울타리 속 아이'를 잃어버리는 것에서 느끼는 슬픔을 극복할 수 있다. 부모는 흔히 친숙한 교사가 내년에 새로운 교사로 바뀌는 것을 걱정한다. 새로운 교사가 너무 엄격할지, 너무 너그러울지, 교실에서 발생 가능한 공격적 문제를 공정하게 다룰지 등을 우려한다. 한편, 교사가 아동이나 부모와 입장이 다를 경우가 발생할 수 있는데, 그 경우 보통 학교장이 중재한다. 일반적으로 일이 잘 해결되기 위해서는 서로의 입장에 대해 이해하고자 하는 부모, 교사, 아동 간의 상호의지가 중요하다. 다소 시간이 걸리겠지만, 가정과 학교 간 지지적인 파트너십은 아동에게 가장 큰 도움이 될 것이다.

이 시기 아동들은 교사를 눈여겨보고 교사의 태도와 자세의 상세한 부분까지 따라 하려 한다. 루이스는 잠들기 전에 선생님이 했던 것처럼 '출석부 부르기' 의식을 한다. 엄마는 루이스에게 이러한 의식이 중요하다는 것을 인정하였다. 루이스의 요구 사항은 그가 잠들기 전까지 30개의 다른 목소리로 자신이 부르는 상상의 출석부에 대답하는 것이었다. 학교에서의 습관 및 일을 처리하는 방식은 만 6~7세 아동에게 매우 중요하여, 학교에서 했던 전략들을 집에서 연습해보기도 한다. 예를 들어 스테핀의 엄마는 그녀가 부모님의 주의를 얻기 위해 똑바로 앉아서 손을 드는 것을 볼 수 있었고, 처음에 선생님을 '엄마'로 불렀던 멜리사가 이제는 엄마를 부를 때 실수로 선생님 이름을 부르기도 하였다. 이러한 종류의 실수는 학교에서 하는 방식이 아동에게 얼마나 중요해지는지를 보여준다. 동시에 아동이 성인의 관심을 얻기 위해서 많은 노력이 필요하다는 것을 말해준다. 즉, 학교에서 아동이 교사의 관심을 얻는 것은 힘든 과정이며 매우 특별한 전략이 필요할 수 있다.

만약 교사가 자주 바뀐다면 아동에게 더 많은 어려움이 생길 수 있다. 쏘냐는 담임교사가 아파서 여러 명의 대리교사가 오게 되자 스트레스를 받아 학교 가기를 싫어하였다. 엄마는 힘들어하는 쏘냐를 그대로 학교에 가게 하는 것이 바람직하지 않다고 생각되었고, 이 문제를 교장선생님과 의논하였다. 교장선생님은 이 시기 동안 쏘냐를 도와주기 위해 친숙한 교실 보조교사와 함께 좀 더 작은 그

룹에서 공부하도록 배치하여 주었다.

큰 교실에서 1명의 아동으로 지내기

큰 교실에서 아동이 순서를 기다리고, 반복해서 손을 들고, 자신의 답이 선택되지 않는 등의 경험은 실제로 아동에게 어려운 일이다. 많은 아동이 질문에 답하고자 하는 순수한 마음에서 "저요, 저요." 라며 소리를 내기도 한다. 오랫동안 열심히 기다린 후에 한 대답이 정답이 아니라면 아동의 사기가 매우 저하될 수 있다. 대부분의 아동이 교사에게 주목받고자 하고, 주목받을 수 있는 기회가 있다면 이를 성취하기 위해 박차를 가한다. 교사의 관심을 받기 위해 다른 아동과 경쟁하는 경험은 때때로 가정에서부터 시작되는데, 아동은 엄마나 아빠에게 특별한 입지를 차지하기 위해 다른 형제와 경쟁한다. 이처럼 많은 아동 중 한 사람으로 긴 학교 생활을 조절하는 것은 쉽지 않으며, 이 시기 아동에게 이를 극복하도록 도와주는 내적 자원이 필요하다.

교실 내 규칙, 순서, 일과를 자주 반복 확인하여 아동으로 하여금 무엇이 기대되는지를 알도록 도와주어야 한다. 학교 일과를 잘 아는 것이 아동으로 하여금 대집단에서 잘 지내도록 격려하기는 하지만, 그 밖에 잠재되어 있는 혼란은 언제든지 발생할 수 있다. 이러한 두려움을 해결하기 위한 방법이 아동의 마음가짐에만 달려 있는 것은 아니다. 유능한 교사는 아동의 협동심과 질서의식을 고무하면서 규칙을 지키도록 할 수 있다. 예를 들어, 캠벨 선생님의 학급에서는 함께 쓰는 사물(연필이나 가위 등)을 모범적인 순서로 사용하는 아동 모둠에게 점수를 주는 모둠별 보상체계가 있었다. 이 점수는 '황금 시간'이라고 알려진 보상을 얻을 수 있다. 황금 시간이라고 불리는 이 시간은 한 주 끝에 학급에서 게임을 하거나 그들이 택한 다른 활동을 할 수 있는 시간이다. 유사하게 캠벨 선생님은 교실 입구에 아동이 줄을 잘 섰거나 학급 전체가 어떤 목적을 달성하였을 때 쌓이는 '교실 구슬'을 넣을 수 있는 단지를 마련해두었다. 아동들은 금요일에 '황금 시간'을 갖기 위해서는 일정 수의 구슬을 얻어야 한다는 것을 알았다. 이 간단하고 행동지향적인 전략은 아동으로 하여금 생산적인 방식으로 자연스럽게 경쟁하도록 하였다. 그들은 다함께 집단으로 협력하여 노력하는 마음을 발달시켰다.

이 시기 아동은 스스로 '착하고' 법을 준수하고 있다는 것을 보여주려 하며, 이 과정에서 잘못된 행동들은 학급의 장난꾸러기 아동이 한 행동으로 탓을 돌리려 한다. 잘못된 행동을 하려는 마음은 자신의 것이 아니며, 이러한 행동은 다른 아동들의 몫이 될 것이다. 이 경우 교사에게 잘 보이기 위해 이야기를 꾸며 내서 말하는 것과 같은 일이 발생할 수 있으며, 이는 집단 응집력에 부정적인 영향을 미칠 것이다. 좋은 교사는 특별한 아동에게 편견을 가지고 대하지 않도록 최선을 다해야 한다. 예를 들어 특별한 교육적 도움이 필요한 학생들의 강점을 찾아주고, 수줍어하는 아동이 좀 더 적극적으로 스스로를 표현하도록 격려할 수 있다. 교실 내 발생하는 여러 가지 사회적 관계의 변화는 아동으로 하여금 학급 아동이 어떻게 평가되는지를 보고 배우면서 사람의 다른 측면을 탐색할 수 있는 다양한 기회를 제공한다.

수업 시간

가정과 학교의 경험을 연계하는 학습은 이 시기 아동에게 효과적이다. 만 6~7세 아동의 경우 놀이하고 가장하기를 하는 성향은 창의적인 프로젝트 작업을 가능하게 한다. 작업이 재미있으며, 즐거운 놀이가 작업이 되며, 부모가 참여할 정도로 확장된다면, 학교에서 성공적인 방식으로 학습을 촉진할 수 있다.

영국의 유명한 BBC 교육방송의 프로그램인 '용의 눈을 통해'에서는 주당 10개 정도의 에피소드를 보여주는데, 이는 교실 내 창의적인 학습의 기회로 활용될 수 있다. 캠벨 선생님은 가정과 학교 간 창의적 연계를 위하여 이 프로그램의 이야기를 인용하였다. 일단 출석을 부르면 교육적이면서도 재미있는 일상과 함께 수업은 시작되었다.

캠벨 선생님은 "이제 지난 밤에 누가 고웬을 집으로 가져갔는지 알아봅시다."라고 말하면 아이들은 흥분하며 이 시간을 즐거워한다. 고웬은 캠벨 선생님의 커다랗고 빨간색의 장난감 용이고, 동시에 '용의 눈을 통해'에서 나오는 인물과 동일 이름이다. 학급 내 모든 아이들은 돌아가면서 고웬을 집으로 가져가고, 이때 특별하고 신나는 책을 함께 가져가게 된다. 아이들은 이 책에 그날 가족과 고웬이 함께 무엇을 했는지를 써야 한다.

오늘은 앤드룰라의 차례였다. 그녀는 앞으로 나와 '신나는 책'을 보며 고웬을 수영 수업에 데리고 간 것을 설명하는 웃긴 이야기를 읽었다.

> 엄마는 수영을 할 수 있는지 고웬에게 물어보았고, 고웬이 "아니요."라고 대답하였다. 익사할까 봐 고웬은 차에서 기다렸다. 우리가 집에 왔을 때 아빠가 고웬을 안으려 하자, 고웬이 불을 뿜어서 아빠의 눈썹이 타버렸다! 그러고 나서 우리는 TV를 보았다.

재미있는 이야기를 들은 아이들은 모두 큰 소리로 웃었다. 캠벨 선생님은 눈을 반짝이며 "불쌍한 아빠, 눈썹이 타버렸다면 기분이 좋았을 리가 없겠네?"라고 물었다. 그러자 앤드룰라는 갑자기 긴장해서 치마를 만지작거리고, 입술을 깨물며 서 있었다. 앤드룰라는 선생님의 말에 현명한 대답을 생각할 수 없었다. 잠깐 동안 그녀는 자기가 썼던 내용을 문자 그대로 생각하면서 이야기 속에서 무슨 잘못을 한 것은 아닌지 걱정하기 시작했다. 만 7세 아동은 현실과 환상 간의 차이를 다소 불확실하게 이해한다. 하지만 앤드룰라의 친구인 사라가 "아마 TV를 보는 동안 눈썹은 다 자랐을 거예요."라고 말하면서 끼어들었고, 아이들은 사라의 말이 맞다고 하면서 다시 웃었다.

아이들은 모두 자신들이 집에서 고웬과 함께하였던 일상적 여행을 즐겼으며, 그 결과 모두가 썼던 신나는 책 이야기는 캠벨 선생님이 주도하는 집단 환상 여행이 되었다. 고웬은 모두에게 속하였고, 함께 돌봐주어야 하는 변덕스러운 동생처럼 가족의 성원같이 느껴졌다. 이는 아이들의 상상하기를 연습하도록 하며, 환상을 글로 쓰는 것을 연습하게 하였다. 아동은 자신의 공격적이거나 걱정스러운 감정을 고웬의 이야기로 빗대었고, 그 결과 일정 거리를 두고 감정을 탐색하는 방식으로 표현할 수 있었다. 그래서 집단에서 온순하고 착한 아이로 보이고자 하는 아이들도 다소 새로운 방식으로 공격적인 주장을 표현하였으며, 그러한 감정은 수용되었다. 좀 더 직접적인 수준에서 고웬이라는 장난감은 가정과 학교 간 연계를 가져왔다. 부모는 자녀가 상상 일기를 쓸 수 있도록 돕기 위해 함께 참여하였다. 다른 아동의 집을 방문하면서 고웬은 이국적인 요리법을 실험해보고, 축구를 하고, 보모와 조부모를 만났고, 파티와 이슬람 사원, 교회를 가는 등 점차 경험의 범위를 넓혀갔다. 고웬의 모험 이야기는 책 읽기 영역에서 아이들에게 함께 읽히고 공유되었으며, 손때 묻은 매우 인기 있는 책이 되었다.

수업 시간에 집중하기

만 6~7세 아동에게 오랫동안 주의 집중하고 앉아 있는 것은 꽤 어렵다. 학교에 있는 동안 계속 집중하도록 요구하는 것은 이들의 발달 수준을 고려할 때 매우 어려우며, 이 어려움에 직면하여 참아내는 아동 능력의 개인차는 매우 크다. 때로 아동은 학습할 기분이 아니고, 결국 학습 외 다른 일에 정신이 팔려서 교사의 지시를 따르기 어려워할 수 있다. 좋은 선생님은 교실 내 논의 과정에 아동을 참여시키고 아동의 협력을 유발하여 수업을 가능한 흥미롭게 하는 데 최선을 다한다. 다음의 예에서 아동과 교사는 평범한 수업을 하기 위해 가장 많은 노력이 필요하다는 것을 알 수 있다. 교사는 아동이 주의를 산만하게 하는 유혹을 극복하고 과제에 집중하여 완성할 수 있도록 도와야 한다.

캠벨 선생님 학급에서 이번 시간에 해야 할 작문 과제는 아동이 전날 초대되어 보았던 유치반 학급 공연에 관하여 쓰는 것이다. 먼저 교사는 모든 아동들의 눈이 자신을 향하도록 해야 했고, 아동들이 무엇을 보았는지 쓰는 것뿐 아니라 그에 대한 의견을 표현하도록 격려하였다. 교사는 부모님과 다른 아동 앞에서 연주할 때 5세 아동의 느낌이 어떠했을지, 음악을 선택하고 의상을 만들기 위해 선생님과 아동들이 얼마나 열심히 했는지를 생각해보도록 하였다. 그들은 또한 여자아동이 무대 위에서 다리에 걸려 넘어졌을 때 왜 웃지 않아야 하는지에 대해 이야기를 나누었다. 이 모든 것을 명심하면서 공연에서 무엇을 보고 무엇이 좋았고 무엇을 생각하였는지를 쓰도록 하였다. 각 아동에게 활동지가 주어졌고, 이들은 각자 책상으로 흩어졌다.

학부모 도우미인 브라운은 남아 3명과 여아 3명으로 이루어진 6명 모둠에 앉았다. 3명의 여아는 처음 보는 성인인 브라운에게 많은 관심을 보였고 작문 과제를 하기보다 그녀가 누구인지를 알기 위해서 더 애썼다. 발레리는 그녀의 귀걸이를 좋아했고, 미나는 아침에 목이 아팠기 때문에 아빠가 목캔디를 주었다는 것을 말하고자 하였다. 아이들 중 칼 혼자만 바로 작문을 시작할 수 있었고, 아이들을 함께 모으는 데는 시간이 많이 걸렸다. 발레리는 매우 수다스러웠으며, 연필을 뾰족하게 하는 데 정신이 팔려 있었다. 잭은 의자를 흔들며, 농담하고, 연필을 떨어뜨리고, 다시 연필을 찾기 위해 온 바닥을 뒤졌다. 애나는 조금 전 함께 이야기했던 것이 아무것도 생각 안 난다는 표정으로 멍하게 있었다. 잠시 뒤 미나는 한숨을 쉰 뒤 목이 아픔에도 시작하였고, 발레리는 일단 연필이 모두 뾰족해지자 쓰기 시작하였지만, 브라운이 쳐다보고 있을 때만 그러하였다. 세리는 연필을 매우 꾹꾹 눌러썼는데 결과가 마음에 들지 않아서 쓴 글을 지워나갔고, 다 지운 활동지에는 얼룩 자국만 남았다. 모둠의 모든 아동들은 이들을 도와줄 성인의 격려가 필요하였고, 아동은 다른 모둠을 도와주러 간 브라운을 찾았다.

약 15분 후 브라운의 모둠은 이전보다 훨씬 많이 쓰기는 했지만 시간은 여전히 천천히 가는 것 같았다. 칼은 사전을 사용하는 데 관심을 보이고 난 뒤에야 글쓰기를 끝냈다. 캐리는 많은 문장을 다시 쓰고 지우기를 한 뒤에 결국 한 문장을 썼지만 자신이 생각한 것을 쓰기 어려워하였다. 발레리는 늦게 시작하였지만 다른 아이보다 먼저 써 내려갔다. 도우미교사의 칭찬에 힘이 났으며 그녀에게 관심 있으며, 이 새로운 어른이 모둠과 어떻게 상호작용하는지에 대해 거의 대역이 되어 연습하는 것처럼 행동하였다. 브라운이 칠판에 몇 개 단어를 써서 모든 아동이 질문하지 않고 그것을 따라 쓸 수 있도록 하는 것도 발레리의 생각이었다. '존경스러운'은 그녀가 물었던 단어이다. 한편, 미나는 글쓰기를 따라하기 어려워하였다. 대신 "애나가 내 것을 따라해요. 애나에게 말해주세요."라고 불평하였다. 이에 대해 다른 아이들은 브라운이 이 문제를 어떻게 해결하는지에 관심을 가졌으며, 브라운은 애나가 미나 것을 베끼려고 한다기보다 생각을 공유하고 싶은 것이라고 말해주었다. 그리고 "그건 괜찮지?"라고 미나에게 말하였다. 이는 주목을 받고 싶은 미나를 만족시켜주는 것 같았다. 게리는 화장실에 가고 싶어 하였고, 이를 허락하자 애나도 가고 싶다고 하였다.

수업 시간이 끝날 즈음, 브라운의 모둠의 분위기는 변화하였다. 성인의 도움 없이 각 학생들은 분명한 진전이 있었다. 브라운은 자신과 같은 도우미교사의 도움이 없을 때 교사가 어떻게 이 아이들을 조정하는지 의아해 하였다. 아이들은 모두 자신의 글쓰기를 마무리할 즈음 신이 나서 나가서 놀 준비를 하였다. 하지만 그에 반해 브라운은 몹시 지쳐 있었다.

제4장

친구 사귀기

understanding

인간은 사회적 존재이고 만 6~7세 아동 역시 다른 아동과 친구관계를 맺는 복잡한 과제를 수행하고 있다. 이 시기 아동은 이전보다 가족과 떨어져서 더 많은 시간을 보내고, 또래 집단은 자신의 자아개념에 더 많은 영향을 미친다. 아동의 마음속에서 "나는 누구와 비슷하지?"는 "내가 어떤 사람을 좋아하지?"의 질문과 유사하다. 아동은 친구관계를 맺을 때 자기 자신이 수용되기를 기대한다. 즉, 다른 아동과의 관계 속에서 자신의 정체성을 확인하고자 한다. 인기 있는 아동은 자신감 있고, 매력적이고, 똑똑하며 좋은 특성을 지닌다. 이 시기 아동의 우정은 유동적이기 때문에, 만 6~7세 아동이 서로 만족스러운 방식으로 관계를 유지하기 위해서는 여전히 성인의 관심과 개입이 필요하다. 아동이 타협, 공감, 차이점 존중에 기초한 좀 더 성숙한 우정을 획득하기 위해서 앞으로 더 긴 시간이 필요하겠지만, 이 같은 발달 과정에서 경험하는 여러 번의 연습 기회는 아동의 우정 발달에 도움이 된다.

대집단 시간

학교는 아동이 서로 잘 지내기 위해 필요한 사회적 기술 발달에 적극적으로 영향을 미치는 곳이다. 둥글게 앉아 이야기하는 대집단 시간인 서클 타임 동안 아동은 사회적 관계를 이해하고 갈등 조정의 전략을 배울 수 있다. 앞서 살펴본 것처럼 가족 생활 속에서도 타협하기, 나누기, 타인 존중과 같은 문제를 배우지만, 다른 사람의 관점을 이해하고, 공감하는 능력은 이 시기 학교 생활을 통해 더욱 발달한다.

학교에서 아동들 간에 발생하는 당황스러운 사건들의 대부분은 경험에 기초한 사회적 이해가 부족하기 때문이다. 아동을 잘 아는 사람은 이 시기 아동에게 누가 친구고 누가 친구가 아닌지가 매우 중요하다는 것을 안다. 물리적 의미에서 타인으로부터 개인적 공간을 보장받고, 도덕적 의미에서 배려받고자 하는 욕구는 민주시민의식의 기초이다. 이를 형성하기 위해서는 오랜 시간이 걸리지만, 이 시기 아동에게 협동 생활의 원리를 촉진하는 것으로 민주시민의식을 양성할 수 있다. 대집단 시간 동안 학교의 강의계획서상에서 표면적으로 중요하게 다루지 않았던 문제에 관하여 아동이 관심을 기울이게 할 수 있다. 현대학교에서 교육자들은 전인 교육을 해야 성공하며, 아동은 직, 간접 경험을 통해 가장 잘 배운다는 것을 안다. 따라서 학교 생활에서 발생하는 사회적 문제를 심도 깊게 논의하는 시간을 마련하여줌으로써 학교는 아동의 모든 관심사를 진지하게 다룰 수 있다.

어느 날 대집단 시간 직전의 쉬는 시간에 캠벨 선생님 학급의 몇몇 학생이 울면서 교실로 들어왔다. 알아보니 아이들이 줄서는 문제로 사소한 언쟁이 있었던 것 같았다. 에나와 제임스는 다리에 멍이 들고 서로 머리가 부딪혔으며, 둘 다 줄을 서서 들어올 때 자신들을 밀었다는 제 3의 아이 탓을 하였다. 캠벨 선생님은 잠시 동안 아이들이 어떻게 된 일인지에 대해 각자 자신의 관점을 말하도록 한 다음, 사실에 근거하여 문제를 다루었다. 서로 간 불편한 감정은 곧 진정되었으며, 이 사건은 '미안하다고 말하기'라는 대집단 시간의 주제가 되었다.

아이들이 둥글게 앉자 선생님은 아이들에게 "미안해."라고 말하는 것이 왜 중요한지를 물었다. 모호한 대답들도 있었지만, "미안하다고 말을 안 하면, 그 아이들이 선생님께 이를 것이다."가 하나의 대답이었다. 이러한 생각에 대해 많은 대답들이 뒤를 이었으며 다음과 같이 확장되기도 하였다. 즉 어떤 아이는 "만약 네가 친구에게 어떤 일을 했다면, 친구의 감정을 상하게 한 것이고, 그러고 나면 친구는 너는 내 친구가 아니라고 말할 것이다."라고 하였다. 캠벨 선생님은 "그래, 그러면 친구가 되고 싶다면 미안하다고 말하는 것이 좋은 생각이겠지."라고 의견을 제시하였다. 운동장에서 일어난 조금 전 사건을 시작으로 선생님은 아이들에게 밀거나 다치게 하였을 때 느낌이 어떠하였는지 생각해보도록 격려하였다. 또한 선생님은 다른 관점에서 생각해보도록 격려하였다. 네가 모르고 우연히

한 일에 대해 다른 아이가 소리치면 어떤 느낌일지, 다른 아이를 고의로 다치게 하는 일을 하고 나서 단지 "미안해."라고 말하는 것만으로 충분한지 등 좀 더 복잡한 질문들을 하였다.

다음으로 아동들에게 언제 "미안해."라고 말했는지를 이야기해보도록 하였다. 아동들에게 차례대로 듣고 말하도록 하였고, 이는 다른 아동의 관점을 이해하게 하는 연습이 되었고, 교실은 활발한 토의가 이루어졌다. 이후 캠벨 선생님은 아이들에게 그들이 논의하였던 것을 역할극으로 시연해보자고 하였다. 아동들은 다른 친구의 사탕 가져가기, 발을 밟고 지나가기, 별명 부르기 등 여러 가지 불친절한 행동을 시연해보았다. 이 모든 상황이 그들에게 친숙한 것 같았다. 여기서 '미안해라고 말하기'는 점강법과 같이 부차적인 것이었다. 아동들은 '미안해라고 말하기'가 사건을 진정시키는 유용한 방식이 될 수는 있지만, 유감을 느끼는 것과는 다소 거리가 있다는 것을 깨달았다. 이는 놀라운 일은 아니다. 어른이 되면 "미안해."하고 말하는 것과 실제로 양심의 가책을 느끼는 것 간에는 차이가 있다는 것을 안다. 아동이 자신의 잘못된 행동에 대하여 유감을 느끼기를 바라는 것은 다소 조숙하다. 이 만 7세 학급에서 가장 흥미로운 질문은 "미안하다고 말했지만, 진심이 아니었을 때가 있었니?"였지만, 이는 이 학급에서 다룰 수 있는 수업의 범위를 넘어서는 것이었다. 이제 아동들은 다른 사람의 관점을 존중하여 들어야 하며, 사소한 불평은 그냥 넘어갈 수도 있다는 것을 배웠으며, 이 중요한 교훈은 친구 사귀기에 필요한 기초가 되었다.

운동장에서 지내기

학교 운동장은 긴장감을 없애고 아동이 좋아하는 것을 할 수 있는 장소이다. 운동장은 친숙한 환경으로, 교실에서 서로 친하다고 생각하는 아이들끼리 쉬는 시간에 친구들과 에너지를 발산하며 안전하게 놀기 위해 운동장으로 나갈 것이다. 운동장에서 아동들은 잘못된 일이 생겼을 경우 이를 해결하기 위해 여전히 성인의 중재가 필요하다. 운동장에 있는 교사나 보조교사는 사소한 분쟁 시 중재를 기대하는 아동의 기준이 된다. 관심 있는 성인과 이야기하기를 좋아하는 여자아동이 운동장 보조교사를 그림자처럼 따라 다닐 수도 있다. 교사는 아동의 무릎이 까진 것, 머리를 부딪힌 것, 복통 등의 증상에 대한 심각성을 판단하고 적절한 처치를 하는 일종의 이동식 긴급 의료원과 같은 역할을 해야 할 것이다. 아동은 일과에 익숙해지면서 학교가 그들에게 낯설었을 때보다 운동장은 덜 위압적인 장소가 된다.

그렇다고 운동장이 스트레스가 없는 곳이라는 의미는 아니다. 운동장에는 혼잡한 가운데 아동을 지속적으로 놀이에 참여했다가 빠지게 하는 수많은 병행 놀이가 있다. 사회적 위계가 만들어지고 동시에 이 위계가 도전받고, 친한 친구가 다른 아동과 함께 놀면서 자신에게 충실하지 않게 되기도 한다. 또한 시끄럽고, 뛰어다니고, 흥분한 아동들로 인해 때로 운동장은 위험한 장소가 된다.

몇몇 아동들은 함께 상상 놀이를 하며 다른 아동이 관심을 가질 수 있는 자신들만의 방식으로 환상적 이야기를 꾸며간다. 미나는 알리슨과 몰리에게 화성으로 방향을 돌리라고 큰 소리로 지시하고 있었다. 그녀는 이 놀이의 리더였고, 지구를 구하기 위한 "슈퍼걸"이라고 소리쳤다. 2명의 여아가 흥분해서 상상의 컴퓨터가 위치하고 있는 벽을 치고 있었으며, 동시에 다른 아동들은 낄낄거리며 "슈퍼걸 출동!"을 외치며 요란하고 시끌벅적한 방식으로 상상의 외계인을 잡고 있었다. 이는 여자아동만 하는 게임이었고, 남자아동을 빼고 하여 더 즐거워하였다.

운동장에서 하는 몇 가지 놀이는 세대를 거치면서 다양한 형태로 남아 있었다. '스티키 토피'와 같은 잡기 놀이는 인기가 있는데, 이러한 잡기 놀이는 은유적으로 표현하여 고무 밴드로 묶여 있는 아이와 부모님의 관계를 생각하게 할 수 있다. 이 시기 아동은 더 넓은 세계로 나가기 위해 부모로부터 떨어지지만 또한 다시 돌아오고자 한다. 이 게임에서 한 아동은 술래가 되고 다른 아동들은 그 아동의 손가락이나 엄지를 잡고 있어야 하는데, 이로 인해 자연스럽게 놀이에 참여할 수 있는 아동의 수를 제한한다. 술래가 "스티키 토피"라고 외치면 아이들은 잡히지 않기 위해 사방으로 흩어진다. 아이가 잡히면 그 아이는 잡히지 않은 아이가 자신을 살려줄 수 있도록 팔을 뻗은 채로 서 있어야 한다. 마지막까지 남은 아이가 승리자가 되고 다음번 술래가 된다. 속임수는 분쟁을 야기하거나 놀이에서 배척되게 하기 때문에 규칙은 중요하다. 손뼉치기 게임(쎄쎄쎄)은 다른 규칙을 따르는데, 협력과 반복적인 학습과 짝짓기를 요구

한다. 이 게임은 연결과 분리 및 친구와 조화를 이루기 위한 아이디어를 탐색하는 것 같다. 이 게임들 모두 아동의 자아정체감과 협동심을 발달시킬 기회를 제공한다.

운동장에서 이처럼 많은 활동들이 있음에도 몇몇 아동은 항상 어느 놀이에도 참여하지 못한다. 그들은 집에 가고 싶어 하거나, 성숙도, 신뢰감, 사회적 기술면에서 부족하여 협력해서 놀이하지 못한다. 대부분의 아동이 이방인처럼 느끼는 시기가 있을 수도 있지만, 가정 생활에서부터 걱정거리를 가지고 있다면 이러한 어려움은 더욱 분명할 것이다. 다시 말해서 몇몇 아동은 단순히 성격 때문에 혼자서 놀이하거나 상상 놀이를 좋아할 수 있다. 이러한 아동의 경우는 활기 넘치는 활동 근처에서 다른 아동의 놀이를 쳐다보기를 좋아한다. 놀이 시간에 몇몇 아동이 자발적으로 그러고자 한다면 이는 별 문제가 아니다. 간단한 성인의 개입을 통해 수줍은 아동이 참여하도록 격려할 수 있다.

앤드룰라는 다소 애석해하는 표정으로 혼자 서 있었고, 지나가는 보조교사가 그녀에게 가서 "안녕."하고 말을 걸자 기뻐하였다. 앤드룰라는 자신의 가장 친한 친구가 놀아주지 않아서 슬픈 것이었다. 그녀는 보조교사의 관심에 기뻐하였고 그녀에게 이야기하고자 하였다. 앤드룰라는 보조교사에게 '트위티'를 만나고 싶은지 물었고, 주머니에서 조그만 파란색 플라스틱 새를 꺼내어 보여주었다. 트위티는 집에서 가져온 장난감으로 눈 내린 백악관에서 살고 있었으며 그녀에게 매우 소중한 것이었다. 앤드룰라는 자신이 외로울 때 새들과 꽃에 대한 노래를 만들었으며, 자신과 트위티에게 불러준다고 하였다. 보조교사는 작은 새를 안아보아도 되냐고 물어보았으며, 어슬렁거리던 학급의 다른 여아가 가까이 올 때까지 보조교사와 앤드룰라는 계속 이야기하였다. 앤드룰라는 트위티가 파란색이고 머리가 짧기 때문에 수컷 같다고 하였다. 하지만 이 새로운 여아는 좀 더 실제적이어서, 눈 내린 백악관에서 트위티가 앉아 있었던 자리에 조그만 구멍을 가리키며, "트위티는 엉덩이가 있으니까 암컷이야!"라고 하였다. 이 말을 시작으로 여자아동은 앤드룰라를 운동장 놀이 세계에 참여하게 하였고, 두 여자아동은 서로 낄낄거리더니 보조교사를 벗어나 팔짱을 끼고 운동장을 돌아다녔다.

앤드룰라가 교실에서 성숙하고 유능할지라도, 운동장에서 다소 외롭다고 느꼈고, 3세 유아가 마음을 진정하기 위해 집에서 가져온 곰 인형를 사용하는 것처럼 트위티를 사용하였다. 다행히 운동장 보조교사의 친절한 관심이 신뢰감을 느끼도록 하였고, 다른 여아가 다가왔을 때 쉽게 그녀와 함께할 수 있었다.

성 정체감 형성하기

이 시기 아동은 자신의 정체성을 확립해가는 중이며, 만 7세 아동의 관점에서 성은 자아개념에 중요한 차원이 된다. 운동장에서 아동의 성에 따라 집단이 나누어지는 것은 꽤 주목할만하다. 이 시기 아동은 동성에 대한 분명한 선호를 보인다. 자기 집이나 파티에 누구를 초대할 것인지를 물어보면, 남아는 남아를 여아는 여아를 선택한다. 여아는 친구의 수는 많지 않더라도 깊은 관계를 맺는 반면, 남아는 더 많은 수의 친구 집단을 선호한다.

남아는 남성이 되는 법을 배우고 있으며, 부분적으로 혼란스러울 수 있다. 어린 남아였을 때 수용되었던 엄마에 대한 강한 애착은 이제 남아 친구 집단을 좋아하는 것보다 약해진다. 이러한 방식으로 남아는 좀 더 독립적으로 되고 아버지나 다른 역할 모델처럼 되어 간다. 모든 남아들이 적극적이고 운동을 좋아하는 것은 아니지만, 많은 남아들이 활발한 집단게임을 한다. 특히 축구는 대다수의 만 7세 남아들에게 인기 있는 취미 활동으로, 축구만이 가지는 몇 가지 다른 측면이 있다. 첫째, 축구게임을 하기 위해 규칙과 새로운 운동 기술을 배워야 한다. 둘째, 아빠나 다른 가족 성원이 좋아하는 프로 스포츠 팀을 좋아하고 알아야 한다. 셋째, 컴퓨터게임, 스티커 모으기, 테이블 축구와 같이 축구와 관련된 여러 가지 활동이 있다. 무엇보다 축구는 친구 집단과 함께 에너지와 열정으로 뭉치는 경험을 제공하고, 상대편에 대한 개념을 가지게 한다.

축구 시합은 만 7세 남아가 좋아하는 규칙과 위계로 묶인 집단의 형태로 다른 남아와 함께하는 기회를 제공한다. 이 시기 남아는 특징적으로 순위와 조직성을 선호하는데, 그 결과 경기를 하기 위해 필수 규칙이 있는 축구는 남아에게 매력적인 운동이다. 하지만 만 6~7세 아동이 완전히 이해하기에는 규칙이 너무 복잡하여, 아동은 축구용품을 가지고 아빠가 좋아하는 팀에서 가장 존경하는 선수가 된 것처럼 꾸민 다음 놀이 삼아 축구경기하기를 더 좋아할 수 있다. 열정적으로 운동장을 누비고 에너지를 발산하는 것은 게임의 매력을 더한다. 필요한 것은 축구공과 경기를 할 수 있는 넓은 장소만 있으면 된다. 아동은 축구경기를 하면서 억눌렸던 경쟁심과 공격성을 소모하고 완화할 수 있는데, 좋은 경기를 하기 위하여 협동 정신과 규칙이 필요하다.

어느 안개 낀 12월의 아침에 만 6세 아동 5명은 3명의 아빠와 2명의 엄마와 함께 지역 체육공원 운동장에서 만났다. 아빠가 크리스마스 선물로 사준 반짝거리는 새 축구용품들을 가지고 남아들은 각자의 역할을 하고 싶어 하였다. 리안은 토트넘의 등번호 8번을 한 맨데스 역할을 하였다. 축구기술을 배울 동안 유명한 축구선수인 것처럼 흉내 내면서 즐거워하였다. 만족스러운 슬라이딩 태클을 한 후에 조는 아빠에게 “난 호나우두야!”라고 외쳤다. 하지만 키이스는 조가 뻗은 다리 때문에 넘어졌고, 눈물을 참고 있었다. 심판을 보고 있는 조의 아빠가 호루라기를 불며 “패널트킥!”하고 말했다. 라이언은 시끄러운 것을 싫어해서 피하는 것으로 유명하다. 그의 엄마는 공이 자기 방향으로 오면 차기는 하지만, 새로운 축구용품을 버리지 않을까 봐 신경 쓰는 라이언을 보았다. 몇 분 후 공을 차지하기 위해 사소한 몸싸움이 벌어졌고, 조의 아빠는 본능적으로 이를 완화하는 방법을 아는 것 같았다. “오프사이드!”하고 외쳤고, 아이들은 진정하고 각자의 자리로 돌아갔다. 2명의 엄마는 축구규칙을 인용하는 것이 얼마나 유용한지를 보며 싱긋 웃었다. 그만하라고 외치는 것보다 훨씬 효과적이었다. 모든 남아들은 축구규칙을 잘 지키고자 하였고, 게임은 아빠들이 지칠 때까지 계속되었다. 라이언만이 자신의 엄마가 그곳에 있다는 것을 인지하는 것 같았다. "엄마, 음료수 좀 가져다주세요."라고 하였고, 라이언의 엄마는 그에 대한 자랑스러움을 표현하며 음료수를 가져다주었다. 이 상황에서 엄마의 포옹은 적절하지 않을 것이다.

여아의 우정은 남아보다 강렬하지만, 때로 좀 더 변덕스럽다. 앤드롤라가 자신의 가장 친한 친구가 운동장에서 같이 안 놀았을 때 얼마나 당황하였는지 이미 보았다. 여아들은 함께하고, 비밀을 공유하고, 좀 더 상상하여 놀이하고, 가장하고 모든 것에 대하여 함께 이야기한다. 은밀한 경쟁심, 민감한 감정으로 인해 사이가 틀어지는 것은 흔한 일이다. 여아들은 우정에 내포되어 있는 사람의 감정을 좀 더 세밀하게 조정하였다.

만 6~7세경 아동은 자신을 성에 따라 구분하려 하기 때문에 성별차이를 더 과장하여 지각한다. 한 엄마가 만 6~7세 여아를 위하여 스카우트 활동의 일종으로 '레인보우' 집단을 운영하였다. 여아들은 스스로 미술공예, 그리기, 탁상용 게임에 몰두하여 즐겼다. 반면, 그녀의 남편은 바로 옆 오두막에서 '비버들'이라는 남아 스카우트 집단을 운영하였다. 이들은 집단으로 몰려다니며 더 시끄럽고, 활동적이며, 도전적인 활동을 즐겼다. 학기 끝에 여아들의 초대로 이들이 함께 모였을 때, 여아들은 의무적으로 음료수와 비스킷을 준비하였다. 처음 남아가 이곳에 도착하였을 때 너무 당황하였고, "난 갈 수가 없어. 모두 다 여자잖아! 다른 남자는 없어?"라며 큰 소리로 불평을 하였다. 다른 남자아이도 마찬가지였으며, 숫자 면에서 비슷해서 안전한 상태였을 때 여아들을 대면할 수 있었다.

게임하기와 물건 수집하기

장난감과 게임은 이 시기 아동들의 만남을 긍정적으로 결합한다. 아동들은 아주 단순한 장난감을 가지고도 상상력을 사용하여 놀이 한다. 놀이와 그리기는 아동의 사고와 느낌을 표상하는 중요한 방식이다. 아동은 놀이를 통해 자신들의 정서적 경험을 표현하기 때문에 형식적 수업을 통해서 배우는 것만큼 놀이를 통해서도 많은 것을 이야기한다. 따라서 전혀 놀이하지 않는 아동은 유심히 살펴보아야 하는데, 그들은 정서적으로 너무 억제되거나 문제를 지닐 수 있으며, 특별한 도움을 필요로 할 수 있다.

놀이에서 표현되는 공통 관심사는 아동들 간 우정을 돈독하게 한다. 요즘 아동들은 대중매체를 통해 마케팅의 대상이 되고 있는데, 아동들은 유행하는 물건을 사도록 서로에게 영향을 준다. 아동들 사이에서 어떤 장난감이 '필수품'이 되었다면, 이는 영리한 장난감 디자이너가 아동들이 마음속에서 서로 먼저 갖고 싶어 하는 것을 만들었다고 볼 수 있다.

이 시기 아동은 어떤 것을 모으기를 좋아한다. 수집품은 딱지, 인형, 스티커, 파워레인저, 유희왕 카드 등 다양하다. 수집품은 파워, 즉 힘을 지닌 자원에 대한 아동의 소망을 나타낸다. 이 시기 아동에게 성인의 능력과 자신의 능력을 구분하는 것이 무엇인지는 분명하지 않다. 그들은 어떤 것을 많이 가지는 것은 잠재력을 부여하는 것이고, 이는 어렵고 경쟁적인 세계를 조정할 수 있는 자원을 가진 것이라고 생각한다. 자신의 소장품을 친구와 교환하는 것은 넓은 의미에서 상업 혹은 주고받기를 만드는 방식이다. "네가 그것을 나에게 주려면, 나는 무엇을 주면 되니?"는 협상의 기초가 될 것이다.

인형은 오랫동안 여자아동에게 매력적인 장난감이었다. 매력의 일부는 이상적인 여성 이미지 때문일 수 있다. 아기 인형은 모성애를 표현하도록 하며, 또한 다양한 종류의 인형이 인기 있다. 브랏츠 인형은 만 6~7세 여아에게 이상적인 10대의 활력 있고 매혹적인 록스타 이미지를 지닌다.

보드게임은 안전하고 합의된 규칙을 근거로 경쟁을 하는 것이다. 이 게임은 타인을 상하게 하지 않고 공격적 경쟁욕구를 발휘하는 좋은 방법이 된다. 그러나 이 시기 아동은 종종 지기 싫어하여 나쁜 패자가 될 수 있는데, 부모들은 쉽게 낙담하는 자녀가 승리를 경험하도록 규칙을 조금 바꾸는 자신을 발견할 것이다.

아동은 자기 스스로 게임의 규칙 만들기를 좋아한다. 핸리가 로시드의 집에 왔을 때 자기 학급 아이의 이름을 모두 말하는 게임을 만들었다. 핸리와 로시드는 같은 반이기 때문에 한 팀이 되었고 다른 반인 로시드의 여동생과 게임을 하였다. 로시드의 엄마가 심판이었고 알파벳을 말하면 아이는 그 알파벳으로 시작하는 자기 반의 아이 이름을 말해야 한다. 만 6~7세 아동은 점수를 얻기 위해 규칙을 지키면서도 상대편에게 함정을 파는 지혜를 발휘하는 게임을 구성할 수도 있다.

차이점

앤서니 브라운Anthony Browne의 『윌리와 휴』와 같이 아동에게 우정을 생각하게 하는 책들은 많다. 이 이야기는 2명의 다른 주인공들 간에 있을 것 같지 않은 우정에 대한 이야기이다. 책에서 윌리와 휴는 서로 부딪히게 되고, 평소 몸집이 작아서 부당한 대우를 받던 윌리는 몸집이 커다란 휴가 자신에게 사과를 하자 매우 놀란다. 이에 윌리 역시 휴에게 사과하고 둘은 친구 사이가 된다. 이 새로운 친구들은 서로 보완하는 강점이 있음을 발견하고 서로를 돕게 된다. 휴는 윌리를 괴롭히고 따돌리던 아이들을 쫓아버리는 것을 잘 하였지만, 덩치와는 다르게 작은 거미를 무서워한다. 작은 거미가 나타났을 때 윌리가 휴를 도와주면서 둘의 관계에서 윌리가 더 높은 위치를 차지하였다. 이 이야기는 친구들 사이에 서로 유사한 점을 찾는 것이 최선이라는 입장을 달리 생각해보게 한다.

아동들은 자기 주변의 사람들과 만나면서 인종, 피부색, 종교, 언어가 다르다는 것을 배운다. 타인이 자신과 다르다는 느낌은 내적인 요인에 의해 영향을 받지만, 이러한 차이점들에 대하여 학교에서 어떠한 태도를 취하는지가 중요하다. 아동들이 조회 시간에 함께 부르는 노래들은 아동들이 느끼는 경이로움을 표현하는 수단이 되기도 하는데, 어떤 노래는 성인세계의 희망을 나타내기도 한다. 다음에 제시하는 두 노래의 가사가 특히 감동적이다.

태양 아래 모든 색깔들

내 머리는 검정색, 너의 머리는 노란색–
내 눈은 초록색, 너의 눈은 파란색.
나와 똑같은 사람은 지구상에 아무도 없네.
너와 똑같은 사람도 아무도 없네.
모든 사람의 색을 칠하고 싶다면,
너는 아마 태양 아래 모든 색깔들이 필요할 거야.

출처 : Every Colour Under the Sun. Reproduced with permissionfrom Ward Lock Educational Ltd.

사랑해, 사랑해

우리 가족은 여러 곳에서 왔다네.
먼 나라에서 왔다네.
우리는 서로 다른 언어를 말하지.
그래서 우리는 모두 자랑스럽지.

우리 모두 다름에도 불구하고,

부인할 수 없는 것은

마음속 깊은 곳을 들여다보면 공통점이 너무 많다는 거야.

출처 : Peter Gordon (2000). Reproduced with permission(미간행)

사회 생활 속에서 협상하기를 배우기는 매우 복잡하지만, 이 시기 아동이 배워야 할 가장 중요한 과제 중의 하나이다. 아동이 가정에서 사이좋게 지냈던 생활 경험은 아동으로 하여금 우호적인 성향을 지니도록 한다. 학교에서도 사회적 이해 측면을 적극적으로 가르치기는 하지만, 아동은 친구관계에서 협상하기 위한 자신만의 방식을 찾아야 한다. 아동의 친구관계는 시간이 지나면서 변화하고 바뀌지만, 집단 생활과 동료애를 통해 배운 교훈은 이후 성공적인 삶의 기초가 된다.

제5장

의미를 이해하는 읽기 학습

understanding

많은 부모에게 만 7세 아동의 학습 정도를 측정하는 가장 중요한 척도 중 하나는 읽기 능력이다. 책을 읽고 즐기는 능력은 모든 종류의 지식세계를 탐색할 수 있는 가능성을 열어준다. 읽기를 배울 준비가 되었다는 것은 아동이 읽기에 내포되어 있는 어려움을 극복할 만큼 정서적으로 충분히 안정적이라는 것을 의미한다. 아동은 분류하기 활동이나 문자나 소리와 관련된 다양한 경험들을 통해 읽기에 필요한 사전 기술들을 발달시켜왔다. 아동은 자주 출현하는 단어의 형태를 인식할 것이며, 삽화에 있는 단서를 보고 문법, 소리, 문맥을 연결하는 방법을 배우며, 읽기 기술을 확대해갈 것이다. 읽기 학습의 기술적 측면은 의미를 읽어서 뜻을 이해한다는 총체적 입장에서 볼 때 부차적인 것이다. 글의 의미를 읽는 것은 매일의 가족 생활 경험에서부터 시작한다. 현대교육에서 부모는 첫 번째 교사이며, 읽기는 가정과 학교 간의 협력적 접근을 통해 더 성공적으로 학습할 수 있다.

읽기 학습의 준비

읽기의 기초는 생의 초기 부모와의 상호작용에 있다고 할 수 있다. 엄마가 아기에게 이야기하고 노래를 불러주면서 영아는 구어의 리듬과 운율을 배우기 시작한다. 엄마의 목소리를 듣고 진정되면서 영아는 안도감과 언어를 관련시키기 시작한다. 영아가 자라서 유아가 되었을 때, 자장가, 이야기, 그림책을 들으면서 이루어지는 따뜻한 상호작용을 통해 다른 사람의 말을 듣고 의사소통하는 것의 가치에 대하여 배운다. 아동은 부모와의 일상적인 활동 속에서 듣고, 생각하고, 의사소통하면서 타인의 관점 이해하기 및 자신을 이해시키기에 관심을 가지게 된다.

아동은 평소 부모가 신문이나 잡지를 읽고, 컴퓨터로 작업을 하고, 언니나 형이 숙제하는 것을 본다. 이러한 활동들은 넓은 의미에서 가족 문화의 일부가 되며, 이는 아동의 잠재적 정체성에 중요한 부분이 될 것이다. 부모처럼 되고 싶은 마음은 부모나 형제자매가 하는 것이 무엇인지 궁금하게 하여, 읽기와 관련된 활동을 함께 하는 데 흥미를 가지게 된다. 부모의 지지와 격려는 매우 중요하며, 부모와 자녀가 책이나 다른 종류의 인쇄물을 함께 보기 위해 조용히 앉아 있는 기회를 통해 아동은 자연스럽게 자신을 둘러싼 세계와 상상의 세계를 알아가는 즐거움을 느끼게 된다. 규칙적으로 도서관을 방문하거나 생일선물로 책을 고르는 것 역시 읽기는 특별하고 즐거운 것이라는 생각을 가지게 한다.

영어를 이중 언어로 사용하는 가족의 경우 처음부터 아동이 영어로 의사소통하는 것은 어려울 수 있다. 따라서 학교는 가정의 문화적 양식 및 어머니 혀 모양이나 발음이 영어를 읽고 쓰는 방식에 가까울 수 있도록 형식적 학교 교육이 시작되기 전부터 가정-학교 간 연계를 발전시키고자 한다. '이야기 가방'은 취학 전 아동과 부모가 이야기 묘사를 구성하기 위해 사용할 수 있는 자원 중 하나이다. 가방에는 부모와 아동 간 만들 수 있는 이야기를 나타내는 간단한 책과 함께 이야기를 만들 때 사용할 수 있는 패턴으로 나열할 수 있는 다양한 색의 물건과 그림들이 있다. 아동을 위한 책은 두 가지 언어와 말을 주고받는 대본 형식으로 되어 있어서 어린 아동은 다양한 구어를 경험할 수 있다. 이러한 책은 이중 언어 아동에게 더 유용할 뿐 아니라 모든 아동들에게 언어가 다양한 형태를 지닌다는 것을 알려주는 장점이 있다.

읽기를 배우는 방식은 매우 다양하다. 모든 아동이 같은 단계를 거치는 것은 아니며, 같은 전략을 사용하는 것도 아니다. 이것은 아기가 걷기를 배우는 것과 같다. 많은 아기들은 기는 것을 먼저 배우지만, 어떤 아기는 이 단계를 건너뛴다. 어떤 아기는 움직이기 위하여 앉아서 손과 팔꿈치로 몸을 당기고 발을 끄는 식으로 움직이기 시작하거나 또 다른 아기는 배로 밀고 가는 기술을 배우지만, 결국 모든 아기는 스스로 똑바로 서서 첫 번째 발걸음을 뗀다. 마찬가지로 읽기 학습 시 아동은 각기 다른 방식으로 다른 속도로 배우지만, 결국에는 읽을 수 있게 된다. 이 책은 읽기 학습에 대한 책은 아니지만, 아동기 읽기 학습을 뒷받침하는 대인관계에 대해 살펴볼 필요가 있다.

아동이 부모나 교사와 함께 책을 읽고 이야기를 공유할 때, 이들은 서로의 생각을 탐색하면서 좀 더 깊은 관계를 맺는다. 아동은 이야기 속 인물이 어떠한 가치를 전달하는지 알게 되지만, 어른이 할 수 있는 정도까지 하게 되려면 아직 멀었다. 즉, 어른이 아동에게 읽어주어서 즐기는 이야기와 스스로 읽을 수 있는 이야기 간에는 정교함에서 꽤 차이가 날 것이다. 아동은 둘 다를 경험할 필요가 있다. 때로 아동은 이러한 불균형을 조절하기 어려워한다. 아동은 배우기 위해서 아직도 모르는 것이 있다는 사실을 인내하고, 불확실함을 참을 수 있으며, 틀렸을 때 좌절과 실망을 견뎌내야 한다. 실패하더라도 좌절하지 않고 긍정적으로 희망을 가지는 것은 학습자에게 가장 어려운 것 중의 하나이다. 이는 아동뿐 아니라 성인도 마찬가지이다. 어떤 아동에게 학습이 마술처럼 쉽게 되지 않고 학습을 지속하기 위해 많은 용기와 결정, 회복 탄력성이 필요하다는 것은 충격일 수 있다. 이러한 학습을 위한 요소들은 평소 아동이 얼마나 사랑받고 존중받고 있었는지와 관련된다. 앞서 본 것과 같이 어느 정도의 공격성, 라이벌 및 경쟁의식은 학습과 관련된 어려움에 직면하였을 때 아동을 전진하게 하는 특성에 도움이 될 수 있다. 하지만 이러한 성향이 지나치면 배우고자 하는 능력을 방해할 수 있다. 아동은 부모나 교사를 학습을 위한 탐구 여행의 지지적 안내자로 활용할 수 있어야 한다.

다양한 방법으로 읽기 학습 격려하기

학교에서 만 6~7세 아동을 대상으로 읽기를 가르치기 위하여 다양한 전략을 통해 학생으로서 소속감을 발달시키고, 따뜻하고 안전한 학습 분위기를 만들어 학습의 어려움을 조정할 수 있게 한다. 이 시기 아동의 교실은 보통 한쪽에 다양한 그림책이 있는 책 읽기 코너가 있고, 앞서 나왔던 고웬 이야기처럼 아동이 만든 글쓰기 작품들이 마련되어 있다. 교사들은 일주일에 한 번 이상 학생들의 읽기를 개별적으로 들을 수 있도록 수업 시간을 운영하며, 각 아동과 좀 더 개별적인 시간을 마련하고자 애쓴다. 교사는 또한 정기적으로 책을 가정으로 보내어 아동과 부모가 읽기 시간을 가지도록 한다. 교사가 일대일로 주의를 기울이는 것은 아동의 신뢰 및 안전감 발달에 중요하지만, 그 외 집단 형태로 함께하는 읽기 활동, 교사와 아동들이 함께 둥글게 앉아서 가지는 이야기 시간 역시 읽기를 촉진하는 중요한 교실 환경이 된다.

BBC 교육방송 '용의 눈을 통해' 프로그램 활용하기

영국의 많은 학교에서는 읽고 쓰기를 가르치기 위하여 BBC 방송에서 하는 아동의 읽고 쓰기 능력 향상 교육 프로그램인 'Look and Read'을 활용한다. 10개의 흥미로운 이야기는 한 학기 프로젝트 작업을 할 수 있는 창의적인 아이디어를 제공한다. 보통의 상업적 TV 프로그램이 광고 때문에 중간 중간 끊어지는 대신, 이 프로그램은 노래와 함께 단어를 화면에 띄우면서 중간 중간 우회적으로 나오게 하였다. 이야기는 간접적인 방식으로 아동이 읽기를 배우기 위해 직면하는 어려움과 딜레마를 소개하고 강조한다. 여기서 우리가 관심을 가지는 것 중 하나는 이 프로그램에서 상징적인 내용으로 읽기 학습의 가치를 알려주는 것이다.

캠벨 선생님의 학급에서 아동들은 '용의 눈을 통해' 프로그램의 에피소드에 열심히 참여한다. 등장인물들은 이미 교실 문화의 한 구성원이 되었다. 프로그램 속 이야기에서 제니, 스컷, 아만다라는 이름의 세 아동은 영웅으로 각기 다른 강점과 약점을 지닌 혼합 연령 아동들이다. 만 6~7세의 청중들은 자신을 이 등장인물들 중 1명으로 쉽게 동화할 수 있다. 이야기는 아동들이 학교 운동장에서 다 함께 벽화를 그리는 것으로 시작한다. 아만다는 용의 눈을 색칠하여 벽화를 더욱 생생하게 만들었는데, 잠시 뒤 용이 눈을 깜빡거리자 3명의 아동은 용의 눈을 통해 마법세계인 펠라마 왕국으로 들어갔다. 용인 고웬이 신비한 마법세계인 펠라마 왕국을 안내하는데, 고웬은 펠라마 왕국이 죽어가고 있다고 말하고, 아이들의 도움이 절실히 필요하다고 말한다. 여기서 아이들이 펠라마 왕국을 도울 수 있는 것은 읽기를 할 수 있기 때문이다. 펠라마 왕국의 비타코어(붉게 타오르는 블록으로 이루어진 마법세계의 생명력 발전기)가 폭파되었고, 3개의 '비톤들'(또는 요소들)이 사라졌다. 비타코어는 펠라마 왕국의 생명력을 만들어내는 것으로 과거에는 '파수꾼들'이 돌보고 있었다. 파수꾼들은 비타코어를 보살피는 방법이 적혀 있는 고문서를 가지고 있다. 하지만 파수꾼들이 자신들의 의무를 게을리하면서 읽는 방법을 잊어버렸다. 설상가상으로 파수꾼들은 처음에 고웬과 아이들의 도움을 받으려 하지 않는다. 하지만 고웬의 도움으로 아이들은 펠라마 왕국를 구하기 위한 탐험을 시작하게 되고, 잃어버린 비톤들을 찾고 비타코어를 제자리로 돌려놓는다.

한편, 이 이야기는 학습의 방해요소를 극복하는 과정을 은유적으로 표현하고 있다. 이야기 속에서 제니는 비타코어에 대한 고문서에서 "비톤들은 스스로 힘을 가지지는 못하지만, 서로 연계되고 상호 의지한다."라는 통과 열쇠를 힘들게 읽는다. 제니는 그 의미를 곰곰이 생각하더니 "알았다. 이것은 가족과 같은 것이야. 가족처럼 서로 협력해야 해."라고 말한다. 제니는 새로운 아이디어들을 맞추도록 도와주는 가족 모델이 있음을 발견한다. 가족은 어려움에 직면하였을 때 내적 용기를 가지게 하는 힘이 되었다. 또 다른 수준에서 비톤들은 알파벳 문자와 같았는데, 의미를 전달하기 위해 비톤들을 서로 맞추어 단어와 문장을 만들었다. 읽기를 배우는 것은 다른 종류의 경험이 상징적인 방식으로 합쳐지는 일종의 퍼즐과 같았다.

주인공들은 '용의 눈을 통해' 프로그램에서 잃어버린 비톤들을 찾기 위한 여행을 하면서 자신들을 방해하는 인물들을 만나게 되고, 과제는 점차 더 어려워진다. 여기서 주인공들을 방해하는 인물들은 배우고자 하는 마음의 반대 측 입장을 나타낸다. 이야기에서 파수꾼들은 처음에 읽기를 배우고 싶어 하지 않는다. 읽기 학습의 핵심을 볼 수 없으며, 읽기가 너무 어려워서 포기하려 하고, 오히려 중요하지 않다고 믿으려 한다. 아동들은 예시들을 통해 읽기 학습이 정보를 주고받을 수 있게 하고, 관계를 유지하도록 돕는다는 것을 파수꾼들이 스스로 깨닫고 확신할 수 있도록 해야 한다.

아동들은 여행 도중에 위젯들을 만나는데, 위젯은 도움이 되고 귀엽지만 혼란과 주의 분산을 야기하는 털북숭이 캐릭터이다. 이는 학습의 어려운 면을 만났을 때 극복하고자 하는 아동의 성숙한 면을 방해할 수 있는 만 6~7세 아동의 장난스럽고 어린애 같은 면을 나타낸다. 아마도 여기에서 학생들이 보아야 할 교훈이 있다.

모든 아동들의 이야기가 그러하듯이 이 이야기에도 악당이 있다. 이 시기 아동들은 도덕성이 발달하면서 선악 싸움을 매우 흥미로워한다. 이야기에서 악당 챈은 펠라마 왕국을 파괴하고자 한다. 그는 복수심에 불타오르고 권력에 대한 탐욕을 지니고 있다. 이야기 속 주인공들은 챈이 두렵지만 그를 물리칠 수 있는 방법을 알아간다. 프로그램을 본 뒤 아동들은 다시 교실의 일상으로 돌아와서 프로젝트의 한 일환으로 프로그램을 보고 어떻게 느꼈는지를 말해보도록 격려되며, 아동들이 평소 무서울 때를 이야기해보도록 한다. 아동들은 놀랍고 무서운 느낌을 창의적인 미술 작업으로 표현해보도록 격려되었고, 그 결과 프로젝트의 하나로 교실 내 색깔이 다채롭고 활기찬 작품이 생겼다. 이어지는 학습은 두려움을 극복하는 방법에 대한 것으로 아동은 악당 '챈' 손가락 인형을 디자인하고 바느질해서 만들어보거나, 괴물, 용, 위험한 악당에 관한 이야기를 함께하면서 무서움을 이기는 방법에 대하여 연습한다.

이야기가 만 6~7세 아동의 상상력을 발휘하게 할 때 아동은 친구들과 함께 이야기 속 인물 및 소품에 대해 말하고, 쓰고, 읽는 것에 관심을 지닌다. 이 시기 아동은 어른들이 읽어주었던 이야기를 재구성하기를 좋아하며, 비록 단어를 못 읽더라도 제시된 삽화를 보고 내용을 아는 책은 자주 읽으려 한다. 아동이 정확한 발음과 같이 읽기와 관련된 기술적 어려움에 너무 중점을 두게 되면, 이야기의 줄거리를 기억하는 데 어려워할 수 있고, 또한 지루해하거나 좌절할 수 있다. 부모나 교사는 읽기의 기술적 측면보다 중요한 것이 있으며 책이 지닌 의미를 읽도록 격려하여야 하고, 이는 아동의 읽기 학습을 증진시켜줄 것이다.

읽기 학습의 어려움

읽기 학습은 두려움과 같은 정서적 상태 및 전반적 성격 특성과 관련된다. 예를 들어 조쉬는 나이에 비해 몸집이 큰 편이지만 실제 나이로는 학급에서 가장 어린 학생이다. 조쉬는 종종 시무룩한 표정을 짓고 있으며, 어떨 때는 자신이 해야 할 학습 과제에 집중하기보다 다른 아동들이 자신에게 했던 이야기들로 교사를 웃기기도 한다. 사실 조쉬는 교실 분위기를 산만하게 하는 학생 중 1명이다. 조쉬는 교사가 아동을 격려하기보다 평가하는 사람이라고 생각하여 교사와 함께 읽기 학습을 하는 것을 별로 달가워하지 않는다. 학부모 참여의 날 담임교사는 조쉬의 부모님과 이러한 어려움에 대해 의논하였다. 부모님은 조쉬의 변덕스러운 행동 때문에 가정에서도 다루기 어렵다고 하였다. 조쉬의 어머니는 좀 더 말을 잘 듣고 사랑스러운 3세의 여동생 킴과 조쉬를 비교하였다. 부모님은 조쉬 역시 어렸을 때는 밝고 귀여운 아이였다고 말하면서, 요즘 아버지는 조쉬가 학교 학습에 잘 참여하지 않아서 앞으로 좋은 직업을 가지지 못할까 봐 걱정한다고 하였다. 교사는 조쉬의 부모님이 조쉬를 현재 나이인 만 6세보다 더 큰 아이처럼 취급을 하고 있으며, 이는 조쉬의 덩치가 큰 것 때문일 수도 있겠다고 생각하였다.

조쉬 부모님은 교사와 이야기하면서 조쉬가 정서적으로 압박받고 있을 수 있겠다는 것을 깨달았다. 조쉬 마음속에서 읽기 학습이란 부모님의 애정을 벗어나 자기가 보기에는 별로 가치 있을 것 같지 않은 성장의 세계로 들어가게 하는 것과 관련된 재미없는 활동이 될 수 있었다. 교사는 조쉬의 부모님에게 조쉬의 읽기 학습을 격려하기 위한 전략을 제안하였다. 조쉬는 학교에서 덜 구조화된 소집단 환경에서 시간을 보냈다. 일단 조쉬의 정서적 어려움이 인정되고 이해되자 그의 읽기 학습과 전반적인 태도는 급속하게 좋아졌다.

몇몇 아동은 권위에 대한 불신 때문에 읽기 학습에 어려움을 보이기도 한다. 이 아이들은 읽기 학습을 잘 하기를 바라지만 틀려서 지적받거나 다시 배우는 것을 참지 못한다. 우두머리처럼 행세하면서 자기 학습에 집중하지 못하고, 주로 다른 아동이 무엇을 하는지를 말하는 아동은 학습 시 이러한 종류의 어려움을 지닌다고 볼 수 있다. 수키는 교사처럼 행동하는 것을 너무 좋아해서 교사의 지시를 잘 들을 수가 없었다. 그녀가 지닌 이러한 어려움은 자신을 어른들과 경쟁관계에 놓이게 하였다. 그녀는 설명을 들을 필요 없이 완벽하게 '알기'를 원했고 자신이 만 7세 아동처럼 보이는 것을 참을 수 없었다. 그녀의 읽기는 다소 성급하게 대충 지나가는 편이었으며, 만약 교사가 잘못된 부분을 바로잡는다면 몹시 당황하며 교사가 잔인하게 자기의 수준을 알게 하는 것처럼 반응하였다. 그녀는 지나치게 건방진 태도 때문에 친구 사귀기도 어려웠다. 교사는 학부모 참여의 날에 수키가 삶에서 다소 지쳐 있는 편모 엄마에게도 다루기 어려운 아이라는 것을 알게 되었다. 수키와 수키 엄마를 위해 지역 아동가족 복지센터에 도움을 요청하였고 둘은 정기적인 도움을 받게 되었다. 이제 수키는 적극적인 학습자인 동시에 친구들을 사귀기 시작하였다.

또 다른 측면에서 보면 아동이 정서적으로 너무 억제되어 있어도 읽기를 학습하기 어렵다. 엠마는 매우 수줍음이 많은 만 6세 여아인데 알파벳 'b'와 'd'의 차이를 배우기 어려워하였다. 이는 실제로 이 시기 아동이 흔히 헷갈려 하는 것이다. 엠마의 담임교사인 탱 선생님은 그녀가 기억하기 쉽도록 침대 즉 'bed'라는 단어를 생각하도록 하였다. 'bed'라는 단어 모양에서 알 수 있듯이 'b'가 먼저 나오는 알파벳이고 'd'가 뒤에 나오는 것이라고 말해주었다. 그런데 이상하게도 엠마는 탱 선생님의 설명을 듣고 다소 당황스러워하는 것처럼 보였다. 교사가 어떤 알파벳이 먼저 나오는 것인지를 물었을 때 "나는 허락받지 못했어요."라고 중얼거리며, 알파벳 'e'를 가리키며 "너무 말을 안 들어요."라고 말했다. 탱 선생님은 엠마가 무슨 말을 하려는지 이해할 수 없었으며, 이 이상한 상호작용에 대하여 정서 발달을 함께 공부하는 주변 동료들과 논의하였다. 동료교사 중 1명이 혹시 엠마가 자기 이름의 첫 글자와 같은 'e'를 자기 자신으로 생각할 수도 있겠다고 제안하였다. 다음 시간에 탱 선생님은 엠마와 개별적으로 대화를 나누면서 물어보았는데, 엠마는 밤에 자다가 무서워서 부모님의 침대 즉 'bed'에 들어가려고 했지만, 부모님이 자신을 자기 방으로 돌려보냈다고 말하였다. 이러한 예에서 알 수 있듯이 어떤 문자나 단어가 아동에게 꽤 개인적인 의미를 상징할 수도 있다. 아동이 문자나 단어에 개인의 상징적 의미를 부여하는 것은 과거부터 자신들을 사로잡고 있는 문제를 표현하는 방식이 될 수 있다.

제6장

혼란과 불안

understanding

성장은 혼란스러운 일이다. 앞서 본 것과 같이 만 6~7세 아동은 기술과 능력이 빠르게 발달하며, 이는 다소 미묘한 방식으로 성인의 세계에 참여할 수 있게 한다. 하지만 이는 확실성을 상실한다는 비용을 치루고 나서야 온다. 아는 것이 많아질수록 모르는 것도 많다는 것을 깨닫는 것은 살면서 알게 되는 역설 중 하나이다. 좀 더 복잡하게 말한다면, 우리가 아는 것이 많아질수록 오히려 알지 못하는 일도 많이 생길 수 있다는 것이다. 이러한 경향은 만 7세경 아동에게 특히 두드러지는데, 아동은 읽고 쓰는 능력, 사회적 인식 및 추상적 사고 측면에서 새로운 기술들이 급속히 증가하였다. 아동은 유능해졌고 더 오랜 시간 지속할 수 있게 되지만, 동시에 그들의 미성숙한 성격으로 인해 쉽게 압도된다. 너무 복잡한 문제 때문에 압도될 수 있다는 두려움은 아동에게 때로 억제의 형태로 나타나며, 부모가 문제점을 발견할 수 있다는 알 수 없는 두려움에 둘러싸일 수도 있다. 본 장에서 우리는 이 시기 아동의 특징적인 두려움을 살펴보고, 몇 가지 전형적인 부모의 편견을 고려해보고자 한다.

죄책감

이 시기에 아동은 옳고 그름에 대한 양심의 가책이 분명하다. 아동은 우연히 다른 사람의 마음을 상하게 했거나 어른이 인정하지 않은 행동을 몰래 하고 난 다음, 그 결과에 대해 많이 걱정한다. 우리가 2장에서 보았던 나딘은 어느 여름날 저녁 10대의 의붓 언니와 물총 놀이를 하고 있었다. 한쪽 구석에서 나딘은 나뭇가지처럼 위장하고 있는 희귀한 나방을 발견하였다. 언니가 외계에서 온 괴물 같다고 장난스럽게 말하고 물총으로 나방을 쏠 것처럼 폼을 잡았다. 언니의 말을 너무 심각하게 받아들인 나딘은 소리를 지르며, 나방에게 물총으로 물을 마구 쏘았고 결국 나방을 떨어뜨렸다. 잠시 뒤 나딘은 몹시 후회하였다. 그녀는 나뭇잎으로 나방을 다시 일으켜 세우려고 하였지만, 제대로 되지 않았다. 놀란 나딘은 집으로 뛰어 들어갔고, 엄마에게 방금 일어났던 일을 이야기하면서 "이제 대장 나방이 와서 나를 잡아갈 거야."라고 말하며 흐느꼈다.

다행히도 엄마는 나딘의 이러한 걱정을 진심으로 다룰 수 있었고, 그들은 함께 나가서 이 상처받은 곤충을 살펴보며 괜찮다는 것을 발견하였다. 나딘은 비로소 안심이 되었다.

우리는 나딘이 어떤 마음으로 엄마에게 대장 나방을 이야기했는지 확신할 수 없지만, 아마도 대장 나방은 그녀를 처벌할 복수심이 가득 찬 캐릭터였을 것이다. 나딘의 부모가 평소 복수심에 불타는 사람은 아니었지만, 그녀는 마음속으로 처벌에 대하여 상상하고 있었을 것이다. 나딘은 양심의 가책을 느낀다는 것을 표현하고 있었다. 왜 죄책감을 느끼는지는 분명하지 않다. 이 시기 많은 아동에게 '기어다니는 벌레'는 매력적인 대상으로, 아동은 상상 속에서 이 벌레들을 흡혈 동물, 진흙 괴물과 같은 것으로 변형하였다. 나딘은 자신의 끔찍한 느낌을 없애고, 순간적으로 이 불운한 생명체에게 마음이 갔으며, 다시 위협적이고 무서운 것으로 생각하는 것 같았다. 어느 정도는 미지에 대한 두려움을 극복하고자 하는 마음이 있기 때문에 이 작은 괴물을 놀라게 한 것을 즐길 수도 있다. 그러나 나딘이 나방을 죽였을지도 모른다는 두려움은 순간적으로 본인이 다룰 수 있는 한계를 넘어섰다. 사실 나딘은 부모가 다른 의붓 아기를 입양하고자 한다는 것을 알고 있었다. 그녀는 이미 자신의 10대 의붓 언니를 질투하고 있었으며, 나방을 공격했을 때 마음속에 다른 경쟁의식이 있었을 수 있다. 이 시기 아동에게 나딘처럼 불합리한 불안감은 흔히 있는 것으로 그들을 걱정스럽게 하는 원인이 될 수 있다.

"엄마, 아빠는 괜찮은 거야?"

아동은 때때로 직접적으로 분명하게 말하지는 못하지만 불안해할 때가 있다. 아동은 부모가 전지전능하지 않다는 것을 알게 되면서 부모에 대한 걱정이 많아지는데, 특히 아동이 생각하기에 부모가 상처받기 쉬운 경우 더욱더 그러하다. 다른 도움을 받지 못하는 한 부모 또는 배우자와 갈등관계에 있는 부모의 경우 민감한 아동에게 걱정과 근심을 생기게 한다. 매일의 생활에서 일시적인 어려움은 흔히 있을 수 있고, 기본적으로 아동이 가정에서 사랑받고 중요하게 생각되는 한, 부모가 여러 가지 어려움을 극복하려고 노력하고 있다는 것을 보는 것이 아동에게 해로운 일은 아니다. 일상적인 역경에서 아동을 완벽하게 보호하는 것은 불가능하다. 아동은 꽤 예민하여 다 잘 되고 있는 것은 아니라는 사실을 깨달을 수 있다. 따라서 가족 환경 내 어려운 점이 있을 때 아동에게 숨기기보다 적절한 방식으로 인정하는 것이 낫다.

"나는 누구를 닮지?"

남아는 이제 적극적으로 남성 역할 모델을 찾고 자신의 남성스러움에 대하여 생각한다. 미래에 어떤 남성이 될지 궁금해한다. 어떠한 이유로든지 아버지 없이 성장하는 남아는 남자답다는 의미에 대한 자신의 생각을 검증하기 위해서 어머니를 찾게 된다. 어머니가 아동의 생물학적 아버지에 대하여 부정적 입장을 지니고 있고, 이러한 생각을 아들에게 전하는 경우 남아의 남성상에 대한 생각은 더욱 어려워진다. 남아는 자신이 성장하여 이 불명예스러운 남자(생물학적 아버지)처럼 되지 않을까 걱정하게 될 것이다. 이 경우 가족 안에서나 어머니의 사회적 관계망 내에서 다른 좋은 아버지 상이 있다면 남아의 성 정체감 형성에 대단히 도움이 된다. 이러한 사회적 관계망의 지원은 편부와 살고 있는 여아나 게이 가족 내 여아의 경우도 마찬가지이다. 위탁 가정이나 입양 가정에 살고 있는 아동의 경우 이미 원가족으로부터 중대한 어려움을 경험하였기 때문에 미래에 어떤 사람이 될 것인지에 대한 걱정은 더 심각할 수 있다. 함께 살고 있든 또는 떨어져 있든, 현재든 또는 과거든 생물학적 부모는 아동의 정체성에 중요하다. 아동은 현재 같이 살고 있지 않은 부모에 대하여 잘 모를지라도 그들에 대해 생각하고 추측하게 된다. 따라서 같이 살고 있지 않은 부모에 대한 자녀의 질문에 너무 상세히 언급하지 않더라도 합리적이고 직접적인 방식으로 대답해야 한다. 부모는 아동이 독특한 존재라는 것을 깨닫을 수 있도록 해야 한다. 유전적 특성이 성격에 영향을 미칠 수 있지만, 삶의 경험이 더 중요하다는 것을 명심해야 한다.

성적인 감정

만 7세 에이미는 바비 인형을 가지고 놀기 좋아하는데, 인형 옷도 입혀주고, 머리도 빗기고, 상상의 쇼핑 여행도 가고, 티파티도 함께 한다. 숙모가 남자 인형 '캔'을 사다주었을 때, 에이미는 캔을 자신의 수집품에 포함시켰지만, 자신의 놀이에 이 새로운 남자 인형을 어떻게 참여시켜야 할지 분명하지 않았다. 에이미는 남녀 인형을 함께 디스코장에 보내고 뽀뽀하고 그녀가 추측하건대 밤에 자신의 부모들이 했을 것 같은 행동을 하기로 하였다. 에이미는 이 신비한 문제들과 관련된 것을 찾아보기 위해 남자 인형의 바지를 벗기기로 하였다. 실망스럽게도 남자 인형에게 성기는 없었다. 이제 에이미는 자신이 혼란스럽게 느꼈던 문제를 탐색할 수 있게 해줄 것이라고 생각했던 남자 인형 캔에게 다소 흥미가 떨어졌다. 에이미는 아주 다른 놀이에 캔을 사용하기로 하였다. 캔을 밴드로 꽁꽁 싼 다음, 학교에서 배웠던 것처럼 이집트 미라라고 하였다. 인형 캔을 밴드로 싸면서 에이미는 자신의 성적 호기심을 감추려고 하였다. 완벽하게 싼 다음에 에이미는 캔을 정리함에 넣었고, 에이미는 방해받지 않고 바비 인형 티파티 놀이를 다시 시작하였다.

이 시기의 많은 아동들처럼 에이미는 성적인 문제 전반에 대하여 관심을 가지는 동시에 반발심을 가진다. 그녀는 자신의 어머니와 가까웠고, 자신을 배제하고 자기 여동생을 태어나게 한 부모관계에 대하여 질투심을 가지고 있었다. 에이미는 젊은 청소년을 대상으로 하는 TV 프로그램 즉, 도발적인 춤과 노래가 많이 나오는 인기가요와 같은 프로그램 보기를 좋아하지만, 자기 자신은 몇 년 전만 해도 즐겨 입었던 원피스나 치마에 더 이상 관심 없고 바지만 즐겨 입는 단계를 거치고 있었다. 에이미는 자신이 성적으로 성숙한 것과는 거리가 멀고, 성인의 성적 세계를 알기에는 캔과 같이 부적절하게 준비되어 있다는 것을 생각하려 하지 않는 것처럼 보였다. 어른들의 흥미로운 개인 생활에 대한 관심을 부인할 수 없지만, 에이미는 궁금한 마음을 다른 것으로 돌림으로써 안심하였다. 그녀는 인형 놀이에서 자신의 성적 호기심을 학교와 관련된 호기심으로 변형하였다. 이집트 미라는 아주 오래전 인물이었다. 이러한 변형을 통해 만 6~7세 아동은 잠시나마 자기 자신과 열망을 느끼는 대상 간에 시간적으로 거리를 두었다.

한편, 이 시기의 아동은 자신의 부모뿐 아니라 다른 연인들의 관계에도 관심이 많다. 아동은 이러한 관계에 많은 관심을 보이며, 이러한 관심은 운동장에서 '뽀뽀게임'을 할 때도 알 수 있다. 아동은 가정에서 경험해본 적이 있는 어른들의 관계를 강화시키는 부드럽고 사랑스러운 감정에 관심을 지닌다. 아동은 진지한 방식으로 '애인'에 대한 애착을 발달시킬 수도 있다. 이러한 주제는 프레다 위싱키Frieda Wishinsky와 닐 레이톤Neal Layton이 만든 『제니퍼 존슨, 나를 혼자 두지 말아요.』라는 제목을 지닌 이야기 책에서 볼 수 있는 데, 이야기에서 두 친구는 다소 감동적인 방식으로 로맨스를 꽃피운다.

화장실 유머

이제 아동은 혼자서 화장실을 갈 수 있는 등 개인위생을 스스로 돌볼 수 있다. 아동은 문자 그대로뿐 아니라 은유적 측면에서도 생리적 욕구를 절제할 수 있어야 한다. 식사하기는 사교적이고 대중적이지만, 화장실 가기는 사적이고 가능한 조용히 진행되기를 바란다. 이 시기 아동은 사회적으로 용인되는 것과 무례할 수 있는 것 간의 차이를 알지만, 불가피하게도 무례할 수 있는 것에 더 많은 매력을 느낀다. 우리는 유치한 농담을 할 때 주로 신체의 생리적 기능과 관련된 내용을 즐긴다. 몇몇 TV 프로그램에서는 이러한 아동의 흥미를 다루어서 인기를 얻고 있다. 예를 들어 영국에서 인기 있었던 한 TV 퀴즈 프로그램의 경우 아동이 문제를 내고 부모가 답을 맞추어야 하는데, 만약 부모가 질문에 답을 잘 못하면 부모는 벌칙으로 끔직한 오물통을 연상시키는 곳으로 빠져버린다. 한편, 아동은 자신의 생리적 기능을 조절하면서 힘을 느끼기도 하고, 난처한 것이 무엇인지를 이해한다. 할머니를 속여서 '뿡뿡 쿠션(앉으면 방귀소리가 나는 고무 쿠션)'에 앉게 하여 그 결과로 난처한 소리가 나는 일은 아동에게 너무 웃긴 일이다. 여기서 유머는 어느 정도의 불안 심리와 관련된다. 아동은 자신들이 망치거나 웃음거리가 될까 봐 걱정한다. 할머니를 속여서 방귀를 뀌는 예의 없는 사람으로 만들어버리는 이러한 부조화는 아동이 자신의 불안을 다루는 방식이 될 수 있다. 참으로 감사하게도 보통 할머니는 아동의 이러한 장난에 유머 감각을 발휘하여 괜찮다고 말한다.

침대 밑의 괴물

침대에서 혼자 잠을 잔다는 것은 자신을 돌보는 믿음직한 어른이 다른 곳으로 가도록 내버려두고 몸과 마음을 편안히 쉬게 한다는 의미이다. 하지만 어떠한 이유로든지 아동이 불안감을 느낀다면, 일시적 분리와 마찬가지로 잠자러 가기는 몇 가지 준비 절차가 필요할 것이다. 만 6~7세 아동은 불안감을 없애기 위해 잠자기와 관련된 의식들을 만든다. 알리는 매일 저녁 잠자기 전에 아빠에게 침대 밑에 괴물이 없는지 확인하게 한다. 이것은 일과가 되었다. 어떤 아동은 자신의 방에 밝기와 어두운 정도를 조절하기 위하여 특별한 방식으로 커튼을 정리하기도 한다. 다른 아동의 경우 이불을 덮는 방식이 매우 중요하다. 영아기 때 학대가 있었고 현재 위탁 가정에서 살고 있는 만 7세 아동은 밤에 부모님 방에서 주무시는 새엄마와 자기 방 침대를 연결하는 긴 줄을 붙잡고 자야 한다고 하였다. 만약 그가 나쁜 꿈을 꾼다면 줄을 잡아당겨 엄마를 올 수 있게 하기 위해서 생각해낸 아이디어였다. 아동이 걱정이 많은 경우 이들의 밤 시간은 상실의 두려움, 나쁜 생각과 행동에 대한 보복감과 관련될 수 있다.

일상적인 잠자리 의식은 아동이 잠자기와 관련된 두려움을 단계적으로 줄이고 준비하는 데 유용하다. 잠자리에 드는 시간에 관하여 아동과 미리 의논해서 합의를 했다면, 잠자는 시간 결정이 부모의 독선이라는 생각을 줄일 수 있다. 양치질 후 샤워나 목욕하기는 잠자리 의식의 하나가 될 수 있다. 컴퓨터게임, 특히 흥미진진하고 경쟁적인 게임은 아동의 각성수준을 높여서 잠자기를 더욱 어렵게 만든다. 반대로, 부모와 함께 책 읽기, 테이프 동화 듣기는 아동이 잠잘 준비를 할 수 있도록 차분하게 진정시킨다. 흔히 잠들기 전 아동은 학교 생활, 친구 문제 또는 앞서 보았던 나딘과 대장 나방 이야기처럼 환상과 현실을 혼동하는 이야기 등을 말하려 한다. 아동이 관심 있어 하는 이야기가 무엇이든, 아동의 관심이 건전하든 다소 우스꽝스럽든지에 관계없이 잠깐 귀 기울여 들어주면 아동의 이야기는 지속된다. 한편, 이 시기 아동이 항상 논리적인 방식으로 자신의 걱정거리를 표현하는 것은 아니다. 하지만 잠자는 시간을 늦추기 위한 전략은 잘 알고 있는 것 같다. 사실 부모가 자녀를 자게 두고 방을 나갈 때 아동은 자신의 부모가 확고하지만 공정하게 처신한 것임을 알아야 한다. 아동의 관심은 언제 '떠날 것인지'에 대한 부모 마음이며, 이 과정에서 실제로 부모가 자녀에게 상처를 주고 있다고 느껴지는 순간이 있다. 그러므로 부모가 아동을 잠자게 두고 떠나는 것은 아동을 돌보고 난 후이며 반대로 하는 것은 아니라는 것을 보여주어야 한다.

일상적 습관이 잘 형성되고 나면 잠자기는 별 문제가 되지 않는다. 잠깐잠깐 보이는 악몽은 이 시기 아동에게 흔하게 있는 일이다. 하지만 지속적으로 악몽을 꾸고 잠을 자지 못한다면 주치의를 통해 도움을 청할 필요가 있다. 지역 아동가족 상담센터나 다른 지역 기관을 통해 도움을 받을 수 있을 것이다.

“공평하지 않아요!”

아동은 종종 일상적인 생활에서 경험하는 좌절과 “공평하지 않다.”라는 불평으로 부모를 비난한다. 이 경우 자세히 살펴보면 아동이 단순히 토라지는 것 이상의 이유가 있을 수 있다. 만 6~7세경 아동은 세상에 대하여 이해하기 어려운 면들을 알아가고 있으며, 부모만이 이러한 고통스러운 진실을 인내하도록 하는 반응테스트의 대상이 될 수 있다. 아동이 지금 자신의 입장에서 볼 때 이해하기 어려운 일들과 싸우고 있는 중이라는 것을 안다면 아동의 정의감을 더 잘 이해할 수 있다.

아동은 자신이 부모나 형, 언니들과 같지 않다는 것에 주목한다. 그들은 상대적으로 경험이 부족하다는 것을 참을 수 있어야 한다. 실제로 나이 든 형제들은 아동이 할 수 있는 것보다 더 많은 것을 조절할 수 있고, 아동의 입장에서 이러한 사실은 참기 어려울 수도 있다. 예를 들어, 어버이날에 라이언의 형은 어머니가 쉴 수 있도록 아침 식사를 준비해서 위층 어머니 방에 가져다 드리기로 하였다. 라이언은 자기가 토스트를 만들고 쟁반에 담아서 어머니 방으로 옮기고자 하였으나, 형은 토스터기에 데일 수도 있고 계단에 차를 흘릴 수 있다며 형이 하겠다고 말하였다. 라이언은 화가 나서 형에게 따졌고 이들의 다툼은 아빠가 중재해야만 했다. 라이언은 “형은 아무것도 못하게 해. 이건 공평하지 않아! 엄마는 형만 좋아하게 될 거야!”라며 소리쳤다. 아침 식사를 준비할 때 형은 어른처럼 잘

할 수 있기 때문에 엄마가 형을 더 좋아하게 될 것이라고 라이언은 확신하였다. 사실, 형이 너무 잘 해서 라이언은 자신이 별로 도움을 줄 것이 없는 존재라고 느껴졌다. 아빠는 라이언을 진정시키기 위해 엄마에게 카드를 전해주는 역할을 하도록 하였지만 그는 여전히 기분이 좋지 않았다. 아마도 이 경우에는 엄마가 라이언과 함께 토스트를 먹어야만 라이언의 기분이 좋아질 것이다. 많은 만 6~7세 아동과 마찬가지로 라이언은 가족 내 한 구성원으로서 역할을 할 수 있기를 기대하였으며, 형제간 차이에 대해 불공평하다고 느끼고 있었다.

이 시기 아동에게 살면서 불공평하게 보일 수 있는 설명할 수 없는 사실들은 많다. 아동은 사람들이 죽는 것도 불공평하다고 느낀다. 시간의 흐름에 대한 인식이 증가하면서 아동은 자신이 사랑하는 사람들이 늙어간다는 것을 알게 된다. 아동은 부모님과 조부모님이 자신과는 다른 수명을 지니고 있다는 것을 알게 된다. 같은 학급에서 아동이 배우는 속도가 다르거나 같은 가족이라도 잠자리에 드는 시간이 다른 것에 대해 아동은 불공평하다고 느낄 수도 있다. 어떤 가족은 장난감을 잘 사주지만 다른 가족은 그렇지 않을 수도 있다. 불공평함의 목록은 끝없이 있을 수 있지만, 그렇다 하더라도 아동은 아직 정치적 불공정이나 사회적 불평등에 대해서는 잘 알지 못한다.

이 시기 아동이 신랄하게 불평하는 이유는 모든 것이 공평해야만 한다는 신념에 있다. 하지만 아동은 점차 우리가 분명한 규칙, 규제, 예상법칙 등으로 세상을 단순하게 이해하고자 하는 것보다 세상이 더 복잡할 수 있다는 것을 알아간다. 부모가 세상을 공평하게 만들지는 못하지만 자녀와 상호작용 시 공평함을 지닌다면, 아동이 성장하고, 배우고, 많은 것을 이해하기 위해 시간이 오래 걸린다는 것을 깨닫더라도 크게 실망하지는 않을 것이다.

부모들의 걱정

음식

음식은 부모가 자녀에게 제공하는 사랑과 보살핌의 상징이다. 아동이 지금보다 어릴 때 먹는 음식은 많은 부분 어른들이 통제하지만, 이 시기 아동은 덜 그러하다. 아동 시청 시간대에 살찌고, 달고, 짠 음식에 대한 TV 광고가 많아지고, 이러한 음식들을 먹고자 하는 또래 압력들로 인해 요즘 아동이 학교에서 먹는 음식의 질에 대한 우려가 높아지고 있다. 서구 사회에서 비만은 심각한 문제이다. 자녀의 건강을 지키기 위해서 고려해야 하는 것 중에서 부모는 먼저 학교에서 자녀가 독자적으로 선택하기에 어려울 수 있다는 것을 명심해야 한다. 아동은 다른 사람과 같이 되고자 하는 경향이 있다. 대부분 학교 급식 메뉴는 '건강한' 선택을 할 수 있게 하지만, 또래 압력의 이유 등으로 아동은 건강한 선택을 하기 어려울 수도 있다. 몇몇 부모는 점심 도시락을 보냄으로써 이러한 어려움을 해결한다.

아동이 잠깐 동안은 이를 선호할 수 있지만 친구가 무엇을 먹느냐에 따라 학교에서 먹는 식사를 더 선택할 수 있다. 이 시기 아동은 갑자기 이전에는 잘 먹었었던 브로콜리, 토마토나 다른 음식들을 더 이상 먹지 않겠다고 할 수도 있으며, 이는 때로 권위에 대한 투쟁으로 연계될 수도 있다. 음식과 관련한 완고함을 다룬 그림책인 케스 그레이Kes Gray와 닉 섀럿Nick Sharratt의 『콩도 먹어야지』는 완두콩을 싫어해서 먹으려 하지 않는 아이에게 완두콩을 먹이기 위해서 필사적인(그리고 웃긴) 유혹을 하는 엄마에 대한 이야기이다. 이야기 속에서 마지막에 협상이 이루어지는데, 이야기의 주제는 모든 부모가 아동의 식습관과 관련된 걱정이 있다는 것에 있다. 사실 나머지 가족 구성원들이 다양한 음식을 즐기고, 간식 시간이 스트레스가 아닌 경우에는 음식에 대한 아동의 변덕은 시간이 지나면서 점차 바뀌게 된다.

TV, 컴퓨터, 전자게임

좋은 TV 프로그램은 이 시기 아동에게 힘든 학교 생활을 마친 뒤 그 어려움을 단계적으로 줄이도록 도와준다. 여기서 중요한 것은 아동의 분별력을 증진시키고, 아이가 '끄기' 버튼을 잘 사용할 수 있도록 하는 것이다. TV를 너무 많이 보게 되면 다른 활동을 할 시간이 없다. 어떤 게임이나 인터넷 사이트는 재미있고, 교육적이며, 아동의 기술 증진에 도움이 된다. 하지만 즉각적인 보상과 끊임없는 도전을 하게 하는 컴퓨터게임은 많은 부분에서 아동을 장악할 수 있다. 어떤 만 7세 남아의 어머니는 30분 이상 게임보이(닌텐도)를 하던 아들이 점차 참을성이 없어지고 화를 잘 낸다고 하였다. 따라서 아동이 이러한 미디어 이용을 조절하도록 돕기 위해서 부모의 적극적인 지도가 필요하다. 부모는 수많은 프로그램 채널 중 아동에게 폭력적이고, 성적으로 자극적인 프로그램이 있는 케이블 TV에 대하여 경계를 기울여야 한다. 이는 인터넷도 마찬가지인데, 인터넷에서 아동은 부적절한 자료들을 쉽게 찾을 수 있다. 컴퓨터의 유해 차단 프로그램을 해두는 것은 좋은 아이디어이다.

위험 요소

아동은 이제 더욱더 독립적으로 행동하기 시작하고, 부모는 위험천만한 세상에서 어떻게 자녀를 안전하게 지킬 것인가에 대해 걱정한다. 이 시기 아동은 조심해서 길을 건널 수 있지만 멀리서 달려오는 차량의 속도를 잘 판단하지는 못한다. 또한 부모는 좀 더 은밀한 위험 요인들에 대해 걱정을 하는데, 왜 낯선 사람이 주는 사탕이나 도움을 받으면 안 되는지에 대하여 아동에게 직접 알려주어야 한다. 만 6~7세 아동이 가족 내에서 "싫어."라고 말해보았거나 다른 방식으로 거절해본 경험이 있다면 아동은 다른 맥락에서도 자신의 싫고 좋음에 대하여 더 자신 있게 주장할 것이다. 아동은 이제 가족 안에서 친밀한 신체 접촉을 할 수는 있지만, 잘 모르는 사람과의 접촉은 적절하지 않다는 것을 알 것이다. 이는 실제로 아동이 경험하는 것보다 더 많은 위험 요소를 말하는 것일 수도 있지만, 아동은 사회

생활에서 있을 수 있는 위험 요소들을 알고 있어야 한다. 적절한 방식으로 아동에게 미리 주의를 주는 것이 아동을 더 안전하게 할 것이다.

결론 : 성취를 기념하며 앞으로 나아가기

학기가 끝날 때 즈음은 아동이 성취한 내용을 점검하고 미래 방향을 생각해야 하는 시기이다. 영국에서 아동은 새학기를 시작할 때 전국 성취도 검사를 보는데, 이는 아동이 표준 학력 기대치에 도달했는지를 살펴보는 것이다. 물론 학교에서 이 검사를 위해서 별다른 노력을 하는 것은 아니지만, 이 시험을 끝나야 안심을 하고, 한 해의 성취 정도를 축하하는 축제 기간이 된다.

콘서트(축제)는 즐거운 행사이다. 교사, 학생, 부모자원봉사 등 모든 사람이 이 즐거운 행사를 위해 많은 것을 계획하고 연습한다. 기막히게 즐거운 쇼를 위해 화려한 색상의 의상, 안무, 음악을 만든다. 이 행사는 아동에게 자신이 멋있어 보이며, 부모, 가족, 친구들이 아동의 수행을 자랑스러워한다는 것을 경험하는 기회가 된다. 아동과 부모 모두 보물 같은 이 순간을 영원히 기억하기 위하여 사진기와 가정용 비디오로 열심히 찍는다.

캠벨 선생님의 학급은 '다시 보는 펠라마의 사건들'이라고 제목을 붙인 프로젝트를 수행하였다. 이 학급은 콘서트에서 음악과 춤을 활용하여 각 등장인물들이 잃어버린 비톤을 찾기 위해 여러 지역을 탐색하는 것으로 연출하였다. 앤드룰라는 사막 장면에서 낙타 타기에 대한 노래를 불렀다. 다음 순서로 그레이와 미나는 '윗지'라는 가상의 나라로 떠나가 위젯처럼 털이 많은 의상을 입고 삐리삐리삐 소리나는 전자 음악에 맞추어 오뚝이가 움직이는 것처럼 움직이면서 애크러배틱 춤을 추었다. 은색 옷을 입고 커다란 걸음걸이로 천천히 걷는 발레리는 우주 공간 장면을 보여주었다. 칼은 시간에 맞추어 타악기를 연주하였다. 내레이터 역할을 맡은 라이언은 이날 자신의 역할을 다하기 위하여 크고 정확한 목소리로 말하는 연습을 해왔으며 오늘 성공적으로 수행하였다. 아동들은 마지막에 "모두 다 함께 산으로 올라요."라는 합창을 하며 공연 절정에 이르렀고, 멋진 아동들의 공연에 청중들은 감동적이고 열광적인 박수를 쳐주었다.

콘서트의 흥분이 진정된 후 아동들은 내년 진급으로 인한 전이를 편안하게 하는 경험을 하게 된다. 만 6세 아동은 이제 선생님에게 짧은 작별인사를 하고, 내년의 학교 생활에서 있을 변화를 준비해야 한다는 것을 안다. 영국의 공립학교는 만 6세 이하의 교육을 담당하는 유아학교와 만 6세 이후의 교육을 담당하는 초등학교가 함께 있는데, 이 시기 아동은 이제 영국의 유아학교의 가장 큰 연령에서 초등학교의 가장 어린 나이의 학생으로 옮겨간다. 이러한 전이는 아동들을 다소 움츠러들게 할 수 있다. 아동에 대한 교사의 기대 및 다른 부가적 특권에서 변화가 있을 것이다. 많은 공립학교에서 아동의 전이를 쉽게 하기 위해 여러 방면에서 최선을 다할 것이다. 캠벨 선생님 학급의 아동은 자신들이 진급하게 될 교실의 학생들로부터 초등학교와 유아학교의 같은 점, 다른 점 등에 대하여 알려주는 편지를 받았다. 라이언은 루크라는 이름의 선배로부터 받은 편지에서 초등학교에는 체스를 배울 수 있는 런치타임 클럽이 있다는 것을 들었으며, 색연필보다 연필이나 볼펜을 주로 쓰며, 새로운 도서관이 있다는 것을 들었다. 그러나 숙제가 더 많아지고, 잘못을 저지르면 벌로 방과 후에 학교에 남게 되고, 유아학교보다 5분 일찍 학교가 시작한다는 것도 알게 되었다. 라이언의 관점에서 알게 된 초등학교에 대한 명확한 메시지는 초등학교는 유아학교와 달리 분명히 해야 할 과업이 있다는 것이다. 유아학교 학생들은 교실에서 초등학교 가면 기대되는 점과 아닌 것들을 다 함께 이야기하였다. 그들은 캠벨 선생님과 함께 새로운 교실을 방문해보기도 하였다. 이 같은 방식으로 아동은 진급할 준비를 하였지만, 방과 후 남아 있기와 같은 벌이 없는 유아학교의 안락함, 그리고 친절한 선생님을 뒤로하고 진급하는 것은 아동에게 괴로운 일이다.

이 책에서 우리는 만 6~7세 아동의 세계를 이해하기 위하여 새로운 지평을 열고자 노력하였다. 마지막에는 만 6세 아동에게만 적용되는 이야기를 하였다. 라이언는 방학이 끝난 뒤 달라지는 자신의 지위에 대하여 많은 생각을 하였다. 라이언은 자신의 생각을 이야기로 썼다. 라이언은 성장의 점진적 단계에 대하여 생각하였으며, 다음과 같은 '무당벌레의 점'이라는 이야기를 썼다.

옛날 옛날 톰이라고 불리는 무당벌레가 있었다네.
그는 아주 멋진 무당 벌레였다네.
어느 날 무당벌레 톰은 할아버지를 찾아 갔다네.
할아버지는 톰에게 점이 하나가 되면 뛸 수 있을 것이라고 말했네.
점이 두 개가 되면 수영을 할 수 있을 것이며
점이 세 개가 되면 진짜 높이 올라갈 수 있을 것이며
점이 네 개가 되면 사라졌다가 다른 곳에 다시 나타날 수 있으며
점이 다섯 개가 되면 검은색 점박이 오토바이를 탈 것이며
점이 여섯 개가 되면 사람과 말할 수 있게 되고
점이 일곱 개가 되면 건너 뛸 수 있으며
점이 여덟 개가 되면 가능한 오랫동안 살 수 있을 것이라고 말했네.
그래서 톰은 멋진 인생을 살게 되었네.

이야기 끝.

그러고는 이 이야기처럼 라이언은 다음 해에 아주 '멋진 인생'을 살 수 있을 것으로 기대하면서 다음 단계로 넘어갈 장을 마련하였다.

참고 도서

Bettelheim, B. (1982) *On Learning to Read: The Child's Fascination with Meaning.* London: Thames & Hudson.

Hindle, D. and Vaciago-Smith, M. (eds) (1999) *Personality Development: A Psychoanalytic Perspective.* London: Routledge.

McClellan, J. (2001) *A Parents' Guide to the Internet.* London: Atlantic (on behalf of Guardian Newspapers).

Salzberger-Wittenberg, I., Henry, G. and Osborne, E. (1983) *The Emotional Experience of Learning and Teaching.* London: Routledge & Kegan Paul.

Waddell, M. (1998) *Inside Lives: Psychoanalysis and the Development of the Personality.* Tavistock Clinic Series. London: Duckworth.

Winnicott, D. W. (1964) *The Child, the Family and the Outside World.* London: Penguin.

본문에서 언급된 이야기책

Browne, A. (1992) *Willy and Hugh.* London: Red Fox.

Gray, K. and Sharratt, N. (2001) *Eat your Peas.* London: Red Fox.

McKee, D. (1997) *Two Monsters.* London: Red Fox.

Mooney, B. (2003) *But You Promised!* London: Egmont (part of the "Kitty and Friends" series).

Northway, J. (1993) *Get Lost, Laura!* London: Scholastic.

Shields, C. D. and Meisel, P. (1997) *I Am Really a Princess.* London: Orchard.

Simon, F. (2005) *Horrid Henry's Big Bad Book.* London: Orion (latest of the "Horrid Henry" series).

Waddell, M. and Dale, P. (1991) *Once There Were Giants.* London: Walker.

Wishinsky, F. and Layton, N. (2004) *Jennifer Jones Won't Leave Me Alone.* London: Picture Corgi.

찾아보기